AI와 영상 제작의 방법

인공지능총서

인공지능 시대입니다. 기계가 인간의 인지를 대신하고, 사물이 인간을 통하지 않고 다른 사물과 직접 커뮤니케이션합니다. 이에 따른 인간 삶과 문명 변화를 정확히 이해·예측·대응하는 것은 이 시대 우리 모두의 과제입니다. 인공지능총서는 인공지능 기술과 환경의 여러 주제를 10가지 키워드로 정리합니다. 관련 개념과 이론, 학계와 산업계의 쟁점, 우리 일상의 변화를 다룹니다. 인간과 기술의 현재, 미래를 세심히 분석합니다.

일러두기

- 인명, 작품명, 저서명, 개념어 등은 한글과 함께 괄호 안에 해당 국가의 원어를 병기했습니다.
- 외래어 표기는 현행 어문규정의 외래어표기법을 따랐습니다.

처음이세요?

전문가세요?

AI와 영상 제작의 방법

진승현

대한민국, 서울, 커뮤니케이션북스, 2025

AI와 영상 제작의 방법

지은이 진승현
펴낸이 박영률

초판 1쇄 펴낸날 2025년 5월 9일

커뮤니케이션북스(주)
출판 등록 2007년 8월 17일 제313-2007-000166호
02880 서울시 성북구 성북로 5-11
전화(02) 7474 001, 팩스(02) 736 5047
commbooks@commbooks.com
www.commbooks.com

ISBN 979-11-7307-951-1 03500

책값은 뒤표지에 표시되어 있습니다.

차례

영상 제작에서 AI 혁신과 미래 전망 vii

01 AI 시나리오 1

02 AI 시나리오 쓰기 9

03 AI 배우 25

04 AI 아바타 31

05 AI 연출: 프리프로덕션, 프로덕션 49

06 AI 연출: 포스트프로덕션 63

07 AI 촬영 71

08 AI 편집 91

09 AI와 VFX 111

10 데이터 분석과 시뮬레이션 125

영상 제작에서 AI 혁신과 미래 전망

인공지능 기술은 영상 제작 분야에서 혁신적인 역할을 하고 있을 뿐만 아니라 지속적으로 발전을 거듭하고 있다. 인공지능은 시나리오 작성, 캐스팅, 촬영 계획 수립, 편집, VFX(visual effect: 시각 효과) 제작 등의 다양한 단계에서 효율성과 품질을 향상함으로써 새로운 가이드라인을 제시할 것이며, 기존의 제작 방식을 혁신하고 새로운 아이디어를 발굴하도록 기여할 것으로 예측된다.

인공지능 기술은 영상 제작 과정에서 작업 자동화와 생산성 향상을 도모할 것이며 창의성을 촉진하고 혁신적인 작품의 탄생을 도와줄 것이다. 대량의 영상 자료를 분석하고 분류하는 작업, 촬영 계획 수립과 편집 프로세스의 자동화 등이 가능해져 영상 제작 작업의 능률이 상승할 것이다. 더불어 인공지능을 사용해 새로운 시각적 스타일을 실험하거나 복잡한 VFX 효과를 생성하는 등의 작업 역시 가능하기 때문에, 예술가들에게 새로운 표현 방법을 탐구하고 다양한 아이디어를 시도할 기회를 제공한다.

인공지능 기술에 집중해야 하는 이유

인공지능 기술은 지속적인 발전을 통해 영상 제작 전반에 상당한 영향을 미칠 것으로 예측된다. 개인화된 콘텐츠를 제작하는 트렌드(trend)가 강화되고 있으며 더 나아가 증강 현실(AR)과 가상 현실(VR), 융합 체험(MR) 콘텐츠의 발전과 확대에도 기여하고 있다. 특히 사용자의 취향과 관심사에 맞게 콘텐츠를 개인화하여 제공함으로써, 시청자들의 참여와 관심이 집중되는 중이다. 이러한 경향은 영상 제작 산업에서 개인화와 상호 작용성이 강조되는 트렌드로 이어질 뿐만 아니라 증강 현실과 가상 현실을 통해서 시청자들에게 더 현실적이고 몰입도가 높은 체험 콘텐츠를 제공할 수 있게 진화하고 있다. 인공지능의 활용도가 높아지고 점점 발전되는 영화 영상 제작 환경에서 인공지능이 영상 산업 전반에 미칠 영향을 예측하는 기법을 익혀야 한다. 영상 제작자뿐만 아니라 영상 제작에 관심이 있는 일반인들 역시 인공지능에 대한 시대적 환경을 준비해야 한다. 이러한 때에 인공지능과 연계한 영상 제작 전반에 관한 기초적 방법을 학습하고 적응하고 효율적인 제작을 위한 계획을 위한 길잡이가 필요하다는 생각이 든다.

인공지능 기술의 이해

'인공지능'은 1956년 미국 다트머스대학에서 열린 회의에서 처음 거론되었다. 존 매카시(John McCarthy)는 "인공지능은 기계를 인간 행동 지식과 같이 행동하게 만드는 것"이라고 정의 내렸다(McCarthy, 1927). 현대에도 매카시의 정의를 바탕으로 기술이 개발되고 있으며 컴퓨터 시스템을 인간의 지능을 모방하거나 수행할 수 있는 능력이라고 말한다.

인공지능에는 각 처리 과정을 이루고 있는 세부 사항이 있다. 차례대로 머신 러닝(machine learning), 딥 러닝(deep learning)이라 부른다. 머신 러닝은 컴퓨터에 쌓인 데이터를 기반으로 패턴을 학습하고 결정을 내리는 것을 의미한다. 1959년 아서 사무엘(Arthur Samuel)은 머신 러닝에 대해 "컴퓨터에 명시적인 프로그램 없이 배울 수 있는 능력을 부여하는 연구 분야"라고 정의한 바 있다(Samuel, 1959). 머신 러닝이란 한마디로 컴퓨터가 인간이 공부하는 것과 같이 데이터를 통해 학습하게 해 새로운 지식을 얻도록 하는 것이다. 머신 러닝은 2000년대에 나온 인공지능의 구현 방법 중 하나로 일반적인 알고리즘의 원리가 머신 러닝의 원리에 속한다. 알고리즘은 효율적 문제 해결을 위한 절차 및 방법이다. 컴퓨터는 입력된 알고리즘 단계에 따라 프로그램을 실행하고 계속해서 반복적이고 자동화된 시스템을 가진다. 알고리즘은 자연어, 순서도, 의사 코드, 프로그래밍 언어로 표현한다. 알고리즘의 특성은 크게 2가지다. 첫째, 문제 해결을 하는 알고리즘은 다양성을 가질 수 있다는 점이다. 문제가 있다면 해결하는데, 한 가지가 아니라 답을 도출할 수 있는 여러 가지 해결법을 가지고 있다. 두 번째로는 실행하고 있는 명령의 수나 명령의 시간을 통해 알고리즘이 가지고 있는 효율성을 측정할 수 있다는 점이다. 시간과 공간에 대한 복잡성이 활성화되어 있는 명령의 수나 시간을 통해 확인할 수 있다. 그렇다면, 명령어를 입력하기만 하면 알고리즘의 자격이 충족되는 것일까? 그렇지 않다. 사실 알고리즘이 되기 위해서는 여러 조건을 만족해야 한다. 알고리즘은 입력과 출력의 기능이 있어야 하며, 각각의 명령어는 명백하고 명확해야 한다. 또한 실행이 실제로 되기 위해서 수행이 가능한 유효성이 있어야 하며 정해진 한정적인 수의 단계에 들어섰을 때는 종료가 되는 유한성도 있어야 한다.

알고리즘은 3가지 제어하는 구조가 있다. 순서대로 명령어를 나열하는 순차 구조, 조건에 따라 2개 중의 하나의 명령어를 선택하는 선택 구조, 그리고 같은 명령어가 계속해서 반복하며 실행되는 반복 구조가 있다. 머신 러닝이 이루어지기 위해서는 '빅 데이터(big data)'가 필요하다. 기존 데이터베이스의 관리 도구 능력을 넘어서 대량의 정형 · 비정형 데이터를 말하며 기술이 향상하면서 컴퓨터 시스템이 꾸준하게 발생해 쌓인 데이터가 그 원인이다. 머신 러닝은 모인 정보 자료를 학습하고 처리하는 과정이라고 할 수 있다. 딥 러닝은 머신 러닝의 처리 과정 중에 있는 방법론적인 기술로, 스스로 학습하고 판단한다.

컴퓨터가 프로그래밍이 되지 않더라도 학습을 할 수 있는 머신 러닝은 어떤 입력에 특정 조건이 맞아서 특정 동작을 하게 한다는 일반적 프로그래밍과 다르게 운영된다. 즉, 어떤 정보를 입력할 때 나오는 결과가 되는 조건을 기계에 학습시키는 것이다. 예를 들면, 어떤 사이트의 검색 기능을 이용할 때, 나의 검색과 연관되는 검색어나 검색할 것을 예측해서 자동 완성해 주는 기능이 있다. 또한 쇼핑 사이트나 음악과 영상 플랫폼에서 사용자의 평소 취향에 맞춰 적절한 콘텐츠를 추천해 주는 것도 머신 러닝이 활용된 사례다.

머신 러닝에는 크게 3가지 방법이 있다. 바로 지도 학습과 비지도 학습(unsupervised learning), 그리고 강화 학습이다. 먼저 지도 학습은 입력값과 결괏값을 바탕으로 하는 학습으로, 그 속에서도 분류와 회귀로 나뉜다. 지도형 기계 학습은 말 그대로 어떤 정답이라는 것을 지도하여 새로운 입력값이 들어왔을 때 이것이 정답이 맞는지 아닌지 판단할 수 있게 하는 것이다. 다음으로는 비지도 학습이다. 오직 입력되는 값만을 사용하는 학습법으로서 군집화와 차원 축소로 또 나뉜다. 방대한 데이터를 기반으로 한 분할 방식으로 데이터를 분류한다. 마지막으로는 결괏값을 대신하여 보상이 제공되는 강화 학습이 있다. 행동 패턴 속 가장 적합하다고 판단한 행동을 시행한다. 강화 학습의 대표적인 예로는 인공지능 바둑 프로그램인 알파고(AlphaGo)를 들 수 있다.

머신 러닝을 하나의 학급 교실로 예를 들어 보면, 지식을 전달하는 선생님 역할은 경험 전달이라고 할 수 있으며, 그러한 지식, 즉 데이터를 받는 학생은 컴퓨터라고 칭할 수 있다. 사실 머신 러닝은 최근 들어 주목받고 있지만 이미 1950년대 이후부터 시작되었다. 그렇지만 1980년대부터 1990년대까지 그 이상 발전하지 못하고 계속 답보 상태로 머물러 있었다. 1990년대까지 현저한 발전이 이루어지지 못했다. 그렇게 주목받지 못하고 있던 도중, 인공 신경망 분야에서 딥 러닝을 개발했고, 머신 러닝이 점점 발전이 이루어지게 된다. 딥 러닝은 방대한 양의 데이터를 인공지능 컴퓨터에 학습시키는 것이다. 최근에도 엄청난 발전을 이루고 있다.

딥 러닝은 이렇다. 다층 구조로 인해 깊어진 인공 신경망의 학습이 잘 이루어지지 않는다는 고질적인 문제를 비지도 학습이라는 데이터 학습을 통해 해결한다. 비지도 학습은 데이터가 가진 숨겨진 구조나 패턴을 찾아내는 것이 목적이다. 사진과 예시, 음악 등의 데이터 부분에서 패턴 인식을 아주 쉽게 한다. 딥 러닝은 사람이 할 수 있는 학습 속도보다 훨씬 빨리 배운다. 그리고 기존의 알고리즘이 가진 규칙을 바꾸는 것보다 더욱 쉽게 개인 맞춤이 가능하면서도 문제를 풀 때 정확성이 뛰어나다. 하지만 아직은 많은 컴퓨터와 데이터, 빅 데이터가 필요하고 입력과 출력을 알아 결과가 나와도 문제의 정확도를 알 수가 없다는 단점이 있다.

그렇다면 머신 러닝이 어떻게 정보를 학습 · 처리하여 작품 개발에 도움을 줄 수 있는 것인가? 바로 영상 제작 업계에서 활용할 수 있는 것은 일반적인 형식이 아닌 생성형이다. 챗지피티(ChatGPT)가 그 대표적인 예다. 대규모 데이터를 통한 분석 · 처리 · 판단하는 능력을 지녔기 때문에, 시나리오를 작성하거나 이야기를 만들어 내는 것에 활용될 수 있다. 과거 흥행했던 영화나 드라마의 대본 정보를 분석하고 그 안에 담긴 패턴을 기반으로 성공 요인을 판단해 새로운 아이디어까지 제시할 수 있다. 또한 캐릭터 간의 상호 작용을 예측할 수 있어서 영상 업계에서 시나리오 작가들이 다양하고 새로운 아이템을 탐구하고 창작 과정을 가속하는 데 큰 도움이 될 것이다.

참고문헌

강지영(2024). AI 기반 VFX 소프트웨어의 혁신: 영화 제작의 새로운 시대. ≪한국디지털콘텐츠학회논문지≫, 25(8), 2239-2250쪽, 한국디지털콘텐츠학회.

김형준 외(2020). 기업부도예측과 기계학습. ≪금융공학연구≫, 18(3), 131~152쪽.

임영훈(2024). 인공지능 기반 영화 제작 기술의 현재와 미래. ≪애니메이션연구≫, 20(2), 277-296쪽, 한국애니메이션학회.

전병원(2023). 인공지능과 영화영상제작: 영화영상제작 도구로서 인공지능의 활용사례를 통해. ≪프리뷰≫, 20(1), 한국디지털영상학회.

정인선(2024). 생성형 인공지능을 이용한 영화제작과 그 미학적 가능성. ≪프리뷰≫, 21(1), 한국디지털영상학회

McCarthy, J.(2006). A proposal for the Dartmouth Summer Research Project on artificial intelligence.

Samuel, A.(1959). Some studies in machine learning using the game of checkers.

01
AI 시나리오

인공지능은 데이터를 학습해 창작 과정에 도움을 준다. 영화 영상 제작에서도 시나리오와 캐릭터, 스토리텔링, 장면 구성 설정 등에 다양하게 활용된다. 그러나 과연 인간이 가진 감정과 상상력을 완전하게 표현할 수 있는가. 독창성과 인간적 요소가 중요한 시나리오 창작에서 인공지능이 어떠한 역할로 활용되어야 하는지를 탐색할 필요가 있다.

AI와 1인 창업?

AI 인공지능 시나리오

인공지능은 시나리오에 등장하는 캐릭터 창작 부분에도 큰 도움을 줄 수 있다. 갈등 상황에 있는 등장인물들이 어떤 방식으로 사건과 감정을 일으키고 동시에 어떻게 해결할 수 있는지 심리적 특성을 분석할 뿐만 아니라, 각 캐릭터의 특성에 맞는 대사와 행동을 생성할 수도 있다. 즉, 한 명의 작가가 하나의 생각으로 쓰기 어려웠던 특성을 인공지능이 보충해 준다면, 일관성이 있으면서 깊이 있는 캐릭터가 만들어진다고 본다. 함께 시뮬레이션을 해 가며 좋은 시나리오를 창작할 수 있다고 보고, 본격적으로 챗지피티(ChatGPT)를 통해 시나리오 창작을 진행해 보았다.

먼저, 챗지피티에게 시나리오를 작성할 것임을 명시하며 동시에 지금까지 흥행했던 영화나 드라마에 관해 질문하는 것으로 시작했다.

질문자: 안녕, 우린 이제부터 함께 시나리오를 적어 볼 거야. 지금까지 훌륭했던 영화나 드라마에는 뭐가 있을까?

챗지피티: 안녕하세요! 좋은 아이디어네요. 흥행한 영화나 드라마는 많지만 몇 가지 예를 들어 보면, 한국에서는 〈기생

충〉, 〈도깨비〉, 〈태양의 후예〉와 같은 작품들이 큰 인기를 끌었어요. 다양한 장르와 스토리로 관객들에게 사랑받았지요. 어떤 장르에 관심이 있나요?

질문자: 판타지에 관심이 있어.

챗지피티: 그럼 좋아요! 판타지 장르에서는 〈해리포터〉 시리즈나 〈반지의 제왕〉과 같은 전통적인 판타지 작품들이 있어요. 최근에는 〈왕좌의 게임〉도 판타지 장르에서 큰 인기를 끌었어요. 어떤 종류의 판타지 세계에 관심이 있나요? 설정이나 캐릭터, 그리고 플롯에서 무엇을 중요하게 여기는지 말해 주세요.

질문자: 과거, 현재, 미래의 시공간이 함께 진행되는 세계관에 관심이 있어. 현재 2025년도 대한민국에 살고 있는 주인공이 어느 날, 1990년대에 살고 있는 인물과 소통하게 되면서 겪는 이야기를 쓰고 싶어. 나는 인물의 성장 플롯을 중요하게 생각해.

챗지피티: 그건 정말 흥미로운 설정이네요! 주인공이 현재와 과거를 오가며 성장하는 과정을 중심으로 풀어 나가는

것도 멋진 아이디어네요. 현재의 지식과 경험을 가진 주인공이 1990년대의 환경과 사람들과 충돌하면서, 서로의 시대적 차이와 가치관의 다름을 극복해 나가는 과정을 통해 성장할 수 있겠지요. 이런 설정에서는 시간을 넘나드는 인연이나 선택의 중요성, 그리고 각 시대의 문화적 배경 차이 등을 통해 풍부한 캐릭터 발전과 동시에 감동적인 이야기를 전개할 수 있어요. 어떤 주제나 플롯을 더 탐구하고 싶은지 있으면 말해 주면 같이 세부적인 스토리 아이디어를 고민해 보겠습니다!

질문자: 세상이 변화하는 것을 막을 방법은 없지만, 변화하는 것을 두려워하지 않는 것이 세상을 살아가는 방법의 하나라는 것이 주제야. 주인공과 1990년대의 인물이 서로 알게 되면서 가까워지지만, 마지막엔 이별했으면 좋겠어. 주인공은 잠깐의 추억 정도로 남겨 두고 앞으로 남은 인생을 살아갈 거야.

대화를 통해, 챗지피티가 인간과 작품에 대해 질문과 답변을 하며 시나리오에 대한 기반을 다져 가는 것을 알 수 있다. 이야기를 짜는 것에서 부족하거나 더 필요하다고 느끼는 부분이 있다면 사람이 표현하고자 하는 의도를 물어보며 인물, 배경, 서사 등의 포인트 설정을 하는 완벽한 보조자 역할을 한다. 이어서 주제의 상세화와 인물 설정에 관해 생각을 나눠 보았다.

챗지피티: 그런 주제는 감동적이고 깊은 메시지를 전달할 수 있는 좋은 아이디어입니다. 주인공과 1990년대의 인물이 서로 만나게 되면서, 서로 다른 시대의 배경과 가치관을 공유하고 자기 삶에 대해 깊이 생각하게 되는 과정을 그릴 수 있어요.

주인공은 현재의 시각에서 세상이 변화하는 것에 대한 두려움을 극복하며, 과거의 인물과 만남을 통해 새로운 시각과 용기를 얻게 될 것입니다. 그럼에도 불구하고, 두 사람이 마지막에 이별하게 되는 결말은 여러 감정을 자아낼 수 있습니다. 이는 주인공이 과거의 추억을 소중히 여기지만, 현재와 미래를 위해 앞으로 나아가야 한다는 결심을 내리는 과정을 잘 나타낼 수 있어요.

이런 이야기를 주인공의 성장과 결정을 중심으로 하여, 시대적 배경과 감정적인 내면의 충돌을 통해 깊이 있는 이야기를 풀어 갈 수 있을 것입니다. 각 인물의 삶을 어떻게 만들어 갈지, 그들이 서로에게 미칠 영향과 이별의 순간을 어떻게 그릴지 고민해 보면 좋겠네요.

질문자: 각 인물의 삶을 네가 생각해 줄래?

챗지피티: 주요 인물은 총 두 명입니다. 2025년에 살고 있는 주인공 영아(여자)와 1990년대에 살고 있는 준석(남자). 이렇게 두 명인데, 추가적으로 서브 인물이 등장해도 괜찮습니다! 참고로 저는 영화로 만들 거예요.
여기 각 인물의 삶과 배경을 조금 더 구체화해 보겠습니다.

주요 인물
영아(2025년)
성격과 특징으로는 현실적이고 실용적인 성향을 가지고 있으며, 현재의 기술과 편리함에 익숙한 젊은 여성입니다. 사회적으로 성장하고 있지만 내적으로는 삶에 대한 불안과 두려움을 가지고 있어요.
직업 및 삶의 상황은 도시에서 일하며 자신의 삶을 안정시키려고 노력 중입니다. 가족이나 친구들과의 관계에서도 조화를 찾으려고 하지만 때로는 외로움을 느낍니다.

준석(1990년대)
성격과 특징으로는 매력적이고 열정적인 젊은 남성입니다. 당대의 풍류와 문화에 익숙하며 자유롭고 꿈이 많은 삶을 살아가고 있습니다.
직업 및 삶의 상황으로는 예술이나 음악과 관련된 분야에서 활동 중입니다. 시대적으로는 자유로운 사고와 창의력을 발휘하고 있지만, 개인적으로는 가족 문제나 자아를 찾는 고민을 하고 있습니다.
다음으로는 서브 인물에 대한 예시를 적어 보겠습니다.

서브 인물
지훈(2025년의 친구)
영아의 가까운 친구입니다. 성격과 특징으로는 현대 사회에서의 생활이 익숙하고 미래에 대한 계획과 꿈을 가지고 있습니다. 현실적이고 지적인 면모가 있어 영아와의 우정은 서로를 지지하고 성장하게 만들어요.

성민(1990년대의 친구)
준석의 친구입니다. 성격과 특징으로는 당대의 사회적인 변화와 문화적인 흐름을 즐기는 자유로운 영혼입니다. 음악이나 예술에 대한 열정을 가지고 있고 당시의 젊은이들과 함께 여유롭고 자유분방한 삶을 살아가고 있습니다.

참고문헌

강지영(2024). AI 기반 VFX 소프트웨어의 혁신: 영화 제작의 새로운 시대. ≪한국디지털콘텐츠학회논문지≫, 25(8), 2239-2250쪽, 한국디지털콘텐츠학회.

김형준 외(2020). 기업부도예측과 기계학습. ≪금융공학연구≫, 18(3), 131~152쪽.

노성열(2023.10.25).“AI 예술엔 오리지널리티 없어… 기계적으로만 쓰면 잘못된 창작”[AI 스탠더드, 한국이 만들자]. ≪문화일보≫, https://n.news.naver.com/mnews/article/021/0002601100

박성혜(2024). AI와 디지털 문화산업의 결합에서 저작권 및 윤리적 규범 준수의 필요성 연구. ≪AI와 인간사회≫, 5(1), 23-37쪽, 호서대학교 인문사회과학연구소.

이선종(2023). 『챗GPT 질문의 기술』. 영진닷컴.

이하준 · 박성희(2022). 『AI와 함께 떠나는 미래로의 여행』. 박영사.

임영훈(2024). 인공지능 기반 영화 제작 기술의 현재와 미래. ≪애니메이션연구≫, 20(2), 277-296쪽, 한국애니메이션학회.

전병원(2023). 인공지능과 영화영상제작: 영화영상제작 도구로서 인공지능의 활용사례를 통해. ≪프리뷰≫, 20(1), 한국디지털영상학회.

정인선(2024). 생성형 인공지능을 이용한 영화 제작과 그 미학적 가능성. ≪프리뷰≫, 21(1), 한국디지털영상학회.

02
AI 시나리오 쓰기

AI는 비단 시나리오에 관한 설정값에 대한 데이터만 주는 것은 아니다. 스토리가 점점 진행됨에 따라 필요한 중요 사건을 비롯해 예시를 들어 주고, 동시에 그에 따른 효과적인 연출법을 제공한다. 연출자 혹은 시나리오 작가가 구상하는 데 인공지능이 어떻게 탁월하게 보조 역할을 할 수 있는지 예시를 보며 자세히 알아보자.

AI와 MBTI?

시나리오를 쓰는 데 프로그램과 캐릭터 설정에 대해 심도 있는 이야기를 나눌 수 있음을 알 수 있었다. 챗지피티는 계속해서 사건과 인물 구체화와 같은 전개 과정이 어떻게 될지 세부 단계로 넘어갈 수 있도록 한다. 다음은 프로그램이 점점 세밀하게 스토리 라인을 잡아 가며 도움을 주는 모습이다.

질문자: 중요 사건은 뭐가 있을까?

챗지피티: 이 영화에서 중요한 사건들은 각 인물의 성장과 인연을 이끌어 가는 주요 전환점이 될 수 있습니다. 여기 몇 가지 중요한 사건 예시를 들어 볼게요.

주요 사건 예시
첫 만남
영아와 준석이 어떤 상황에서 만나게 되는 순간은 이야기의 시작이 될 수 있어요. 이는 둘의 시대적 차이를 강조하고, 서로에 대한 호기심과 충돌을 일으킬 수 있는 계기가 될 거예요.

서로의 삶에 대한 이해 깊어지기

영아와 준석이 서로의 시대적 배경과 삶의 어려움, 꿈과 가치관 등을 공유하면서 서로에게 이해와 동정을 가져올 수 있는 중요한 대화나 사건들이 있을 거예요. 예를 들어, 준석이 당대의 사회적 문제에 직면하거나, 영아가 현대 사회에서의 압박과 불안을 경험하는 장면 등이 있을 수 있어요.

이별과 성장의 결실
이야기의 클라이맥스는 두 주인공이 각자의 시대와 삶으로 돌아가야 할 때일 것입니다. 이때 이별은 단순히 감정적인 작별이 아니라, 서로의 존재가 주는 깊은 영향과 함께 자아를 찾아가는 과정을 상징적으로 표현할 수 있어요. 영아는 잠시의 추억을 소중히 여기면서도, 앞으로의 삶을 다짐하고 준석은 자신의 삶과 관계에 대한 새로운 통찰을 얻을 거예요.

시각적 효과와 감정적 연출
각 시대의 장면들을 명확히 구분하면서도, 시간을 넘나드는 인연을 강조하는 시각적 연출이 중요해요. 현대적인 도시의 현란한 모습과 1990년대의 빈티지한 분위기를 조화롭게 배합하면서, 각 인물들의 감정과 내면의 충돌을 깊이 있는 화면으로 전달할 수 있어요.

이런 방식으로 이야기를 풀어 가면, 관객들에게 감동적이고 생각할 거리를 제공할 수 있을 거예요. 감정의 흐름과 캐릭터들의 성장 과정을 중심으로 스토리를 진행하면, '세상이 변화하는 것을 두려워하지 않고 살아가는 방법에 대한 메시지'를 강력하게 전달할 수 있을 거예요.

갈등과 감정적 전환점
두 주인공 간의 갈등이나 감정적인 전환점이 중요한 사건으로 다루어질 수 있습니다. 예를 들어, 시대적 차이나 개인적인 이해 부족으로 인해 서로 갈등을 겪는 장면이 있을 수 있고, 이를 통해 각자의 성장과 극복의 과정이 그려질 수 있어요.

이별의 순간
영아와 준석이 마지막으로 이별하는 순간도 감정적인 전환점으로 중요하게 다뤄질 수 있어요. 이는 둘의 인연과 삶의 방향을 결정짓는 중요한 결론이 될 거예요. 이별의 순간을 통해 각자가 얻은 깨달음과 성장을 강조할 수 있어요.

결말의 선택
마지막 장면에서 주인공이 현대 사회로 돌아가며 새로운 결심을 내리는 순간이 있을 수 있어요. 이는 영아와 준석이 서로의 영향을 받아 결국 자신의 길을 선택하는 중요한 시점이 될 거예요. 중요 사건들을 통해 각 인물의 성장과 변화, 두 시대의 차이와 공감을 통한 인연의 길이를 다층적으로 표현할 수 있을 거예요. 이 사건들을 잘 연결하여 스토리의 긴장감과 감정적인 흐름을 효과적으로 구성하면, 관객들에게 강력한 메시지와 감동을 전달할 수 있을 것입니다.

질문자: 어떻게 진행하는 게 좋을까?

챗지피티: 이 영화의 진행 방식에 대해 몇 가지 제안을 해 보겠습니다. 이런 설정과 주제는 감정적인 연출과 강렬한 시각적 효과를 통해 깊은 인상을 남길 수 있을 것입니다.

진행 방식 제안

시간을 넘나드는 만남과 이별

영아와 준석이 처음 만날 때는 우연한 상황에서 충돌하거나, 혹은 특별한 사건을 통해 서로의 존재를 알게 될 수 있습니다. 이 과정에서 서로의 시대적 차이와 가치관의 충돌을 첫 번째 전환점으로 삼을 수 있습니다.

성장과 변화

주인공 영아와 준석은 서로의 삶을 통해 성장하고 변화해 나갈 것입니다. 현대적인 사회의 안정과 미래에 대한 두려움을 가진 영아가, 자유롭고 열정적인 1990년대의 준석에게 영감과 용기를 얻을 수 있습니다. 이 과정에서 각자의 결정과 행동이 두 사람의 인연을 결정짓는 중요한 요소가 될 것입니다.

그 결과, 인공지능은 시나리오의 주요 사건과 인물들의 캐릭터 가치를 생성해 주었다. 처음에 제시한 내용은 시나리오와 흥행했던 영화나 드라마에 관한 정보였지만, 이후 인공지능은 주도적으로 시나리오에 관한 정보를 수집하기 시작했고 주제, 장르 등을 제시하자 요청에 맞게 주요 캐릭터의 가치와 서브 캐릭터의 성격까지 생성해 주었다. 또한 중요 사건을 이루어 그 장면에 맞는 감정은 어떤 것들이 있는지까지 제시해 주었으며 이후 인물별로 주요 대사까지 제시하기도 했다.

질문자: 인물들의 핵심 대사는 뭐가 있을까?

챗지피티: 인물들의 핵심 대사는 각 인물의 성격과 상황을

잘 반영하며, 이야기의 주제와 메시지를 강조하는 중요한 역할을 할 수 있습니다. 여기 몇 가지 예시를 들어 보겠습니다.

영아(2025년)
"현실은 불확실하지만, 변화를 두려워하지 않는 것이 살아가는 길이야." (현대 사회에서의 안정과 불안 사이에서 고민하는 영아의 성격과 신념을 나타내는 대사입니다.)

"과거는 추억일 뿐이야. 그 추억을 소중히 여기되, 앞으로의 인생을 살아가야 해." (영아가 준석과의 이별을 통해 얻은 깨달음을 나타내며, 미래로 나아가는 결단을 내리는 대사입니다.)

준석(1990년대)
"지금, 이 순간을 즐기지 않으면 언제 즐기겠어? 삶은 모험이야!" (자유로운 사고와 열정을 가진 준석의 성격을 반영하는 대사입니다.)

"시간이 지나도 우리의 꿈은 변하지 않아. 그 꿈을 위해 살아가야지." (과거의 가치관과 꿈을 현대에 적용하려는 준석의 결연함을 보여 주는 대사입니다.)

참고 예시를 만들기 위해 간단하게 질문했을 뿐인데, 대화와 같이 자세하게 알려 준 것이 놀라울 따름이다. 제대로 된 시나리오 하나를 완성하기 위해 신(scene)별로 자세하게 질문하면서 만들어 가면 챗지피티와의 창작은 어렵지 않을 것으로 보인다. 비단 창작뿐만 아니라 이미 만들어진 시나리오나 작품에서도 피드백을 해 주며 완벽한 영상물을 만들어 내는 데 조언자의 역할도 수행할 것이라 예상한다.

창의성과 인간적 요소 강조

그렇게 인공지능은 기술의 발전으로 인해 시나리오 작가들에게 새로운 도구와 기회를 제공해 주었다. 챗지피티는 과거 작품을 분석하고 유사한 테마나 플롯을 제안하는 동시에 데이터 소스를 기반으로 새로운 아이디어도 제공해 줄 수 있다. 이제 작가는 신속하게 다양한 시나리오와 플롯을 탐색할 수 있고 창작 과정을 가속할 수 있다. 영상의 이야기를 써 내려가기 위한 구조화에도 도움을 줄 수 있으며, 주요 플롯 설정이나 신의 연결성을 피드백해 줄 수도 있다. 그렇다면 인공지능은 어디까지 시나리오를 제공해 줄 수 있을까?

사실 인공지능은 기본적인 데이터를 기반으로 생성하기 때문에 기본이 되는 정보는 제공해야 한다. 즉, 완전히 100% 작품 창작을 맡기는 것에는 한계가 있으며 사람의 손길이 필요하다. 구조화된 처리와는 별개로 감정적인 연결과 심리적인 측면을 개발하는 부분에서는 여전히 인간적인 접근이 요구된다. 사람만이 이해할 수 있는 내면의 영역을 표현하고 습득하기에는 분명한 한계가 있기 때문이다. 예를 들어, 이중적인 감정이 복합적으로 작용하는 캐릭터의 감정 장면에서는 인간의 표현이 더욱 설득력 있게 다가온다.

질문자: 주인공이 슬픔과 기쁨을 동시에 느끼는 장면은 어떻게 영화적으로 연출할 수 있을까?

챗지피티(CHAT GPT): 주인공이 슬픔과 기쁨을 동시에 느끼는 장면을 영화적으로 연출하는 방법은 여러 가지가 있을 수 있습니다. 여기 몇 가지 아이디어를 제시해 보겠습니다.

분할 화면

화면을 두 부분으로 나누어 하나는 주인공의 슬픈 표정을,

다른 하나는 기쁜 표정을 담는 것입니다. 이는 시청자에게 동시에 두 감정을 경험하도록 유도할 수 있습니다. 또는 슬픈 표정을 보인 뒤에 갑자기 기쁜 표정이 등장하는 등의 연출도 가능합니다.

대조적 배경

배경이나 환경을 이용하여 대조적인 느낌을 주는 것도 효과적입니다. 예를 들어, 주인공이 슬픈 기억을 떠올리며 우울해하는 장면에서 배경은 흐릿하고 어두운데, 그와 동시에 주인공은 그 기억 때문에 얻은 깨달음이나 새로운 희망으로 인해 기쁨을 느끼는 모습을 보일 수 있습니다.

음악의 활용

배경 음악을 이용하여 슬픔과 기쁨을 동시에 표현할 수 있습니다. 슬픈 멜로디와 함께 감정의 변화를 나타내는 구간에서는 밝고 감동적인 멜로디가 함께 울려 퍼지는 방식입니다.

연출 및 연기

주인공의 연기와 카메라 워크를 통해 두 감정을 극대화할 수 있습니다. 주인공이 표정 변화, 눈빛의 변화, 몸짓 등을 섬세하게 연출하여 슬픔과 기쁨이 동시에 어우러지는 복잡한 감정 상태를 시청자에게 전달할 수 있습니다.

생성형 인공지능에 슬픔과 기쁨을 느끼는 장면을 영화적으로 연출하는 방법에 관해 물어보았다. 예시를 보면, 연출적 표현으로 분할 화면, 대조적 배경, 음악 활용 등을 제시했다. 언뜻 보면 인공지능이 생성해 준 연출력이 인간을 능가하는 것처럼 보일 수 있지만, 사람이 가진 상상력과 생각은 그 이상으로 무한하고 다채롭다. 예시에서 인공지능이 제시한 '주인공이 기쁨과 슬픔을 동시에 느끼는 상황'에 대해 인간은 어떻게 표현할 수 있을까?

기차 플랫폼에서 떠나가는 지은을 보며 기차 안 승현은 애써 미소를 지어 본다. 기차 창밖에는 비가 내리고 있다. 비가 주룩주룩 내리는 창문에는 슬픈 눈으로 입가엔 서글픔을 머금은 승현의 모습이 창문에 비쳐 보인다. 빗줄기는 마치 승현의 눈물처럼 보인다. 이후, 기차의 경적이 빗줄기 소리를 가로질러 기차 플랫폼 여운으로 남는다.

인간의 연출 범위는 광범위하다. 인공지능은 속성어

가 일치하거나 올바른 것들을 맞추어 연결하는 반면 인간은 서로 다른 성질을 가진 2가지를 접목해 새로운 것을 창조해 낼 수 있다. 즉, '오리지널리티(originality)'가 있다는 것이다. 오리지널리티는 창작자가 갖는 고유성과 독창성 그리고 맥락을 일컫는다. 그러나 이러한 창작물의 문제는 '예술이란 무엇인가?'에 대해 질문하게 만든다. 각각의 사람이 생각하는 예술이란 과연 무엇일까? 대답은 그 형태가 무엇이든 간에 '생각'에서 출발하고 '상상'에 의해 구체화된다는 것이다. 이후 기술을 활용해 완성하고 공유하게 되면서 그 의미가 이루어진다. 인공지능은 정보를 집합해 단번에 출력해 낸다는 점에서 창안자가 가지는 고유성과 생각과는 거리가 멀기 때문에, 예술로서 영상 업계에서 활약하는 데 한계가 있을 것이다.

서비스가 등장하기 전에도 예술가들은 인공지능을 이용하거나 관련 예술을 만들어 왔으며 확률 모델인 마르코프 체인(Markov chain)을 사용해 문학 작품을 생성하거나 머신 러닝으로 이미지나 소리를 인식했다. 인간의 뇌신경 세포와 그 결합 구조를 본떠 만든 전자 회로망인 뉴럴 네트워크(neural network)로 특정 이미지 스타일을 사진에 적용하는 등의 활동을 꼽을 수 있다. 마르코프 체인은 마르코프 성질을 지닌 이산 확률 과정이며 연쇄는 과거에 의존하지 않은, 현재의 상태에 따라서만 미래의 사건이 결정되는 것을 말한다. 또한 뉴럴 네트워크는 인간이 가진 뇌 신경망의 구조를 모방하고자 하는 것에 기초하고 있어서, 사람에게는 당연하다고 여겨질 수 있는 사고방식과 인식 능력을 컴퓨터에게 학습하게 한다. 제어가 가능한 대상 그리고 복수의 다른 요인을 설정해 결합하고 그 무게를 고려한다.

다만 과거에는 프로그래밍과 수학 · 기술 · 지식, 고성능 컴퓨터를 다룰 줄 아는 소수의 예술인만 가능했다면 현재는 배우고 사용하기 쉬운 도구들이 등장하면서 다수에 퍼졌을 뿐이다.

사실상 인공지능으로 창작된 예술은 오늘날 그 가치를 인정받기가 쉽지 않다. 예술의 가치는 오래전부터 의견이 많이 나뉘어 왔다. 과거에는 예술품이라면, 창작자가 얼마나 많은 시간과 노력을 부여했는지에 따라 중요성을 나누었다. 어떤 예술품이든 섬세하거나 단순함을 너머 창작자 개인이 가진 배경과 서사에 따라 가치를 판단하기도 했다. 그러나 대체 불가능 토큰(non-fungible token: NFT)이 등장하면서 온라인 작품에 대한 가치에 대해 다른 의견이 등장하기도 했다. 그런데도 변하지 않는 것이 있다. 그것은 인간의 손길이 거쳐 갔는지와 어떤 의미를 지니고 있는가에 대한 분류다.

미술 업계에서는 인공지능 작품과 고유 작품의 구분이 일찍이 이루어졌다. 인공지능의 작품은 예술로 인정받기보다, 실험 영화처럼 하나의 장르로 구분되었고, 가지고 있는 정보 대부분이 인간의 생각에서 출발했다는 점에서 예술로 인정받지 못하는 부분도 있다.

"과학 기술은 워낙 빠르게 변하기 때문에 반드시 현대사회에서 필요한 생존 능력"이라고 말했던 '뉴 아트'의 개척자 뉴욕대학교 송예슬 교수의 말처럼, 기술이 시나리오 작가의 창작 과정을 혁신적으로 변화시킬 수 있지만, 결국 작가의 창의성과 인간적인 접근이 결합할 때만 최대의 가치를 발휘할 수 있다(노성열, 2023). 그렇기에 앞으로도 사람과의 협력을 통해 시나리오 작품의 품질을 지속적으로 향상시킬 방안을 탐구해야 할 것이다.

참고문헌

강지영(2024). AI 기반 VFX 소프트웨어의 혁신: 영화 제작의 새로운 시대. ≪한국디지털콘텐츠학회논문지≫, 25(8), 2239-2250쪽, 한국디지털콘텐츠학회.

노성열(2023.10.25)."AI 예술엔 오리지널리티 없어… 기계적으로만 쓰면 잘못된 창작"[AI 스탠더드, 한국이 만들자]. ≪문화일보≫, https://n.news.naver.com/mnews/article/021/0002601100

박성혜(2024). AI와 디지털 문화산업의 결합에서 저작권 및 윤리적 규범 준수의 필요성 연구. ≪AI와 인간사회≫, 5(1), 23-37쪽, 호서대학교 인문사회과학연구소.

이선종(2023). 『챗GPT 질문의 기술』. 영진닷컴.

이하준 · 박성희(2022). 『AI와 함께 떠나는 미래로의 여행』. 박영사.

임영훈(2024). 인공지능 기반 영화 제작 기술의 현재와 미래. ≪애니메이션연구≫, 20(2), 277-296쪽, 한국애니메이션학회.

전병원(2023). 인공지능과 영화영상제작: 영화영상제작 도구로서 인공지능의 활용사례를 통해. ≪프리뷰≫, 20(1), 한국디지털영상학회.

정인선(2024). 생성형 인공지능을 이용한 영화 제작과 그 미학적 가능성. ≪프리뷰≫, 21(1), 한국디지털영상학회.

03
AI 배우

인공지능은 영화 제작에서 캐릭터의 인물 묘사에 중요한 역할을 한다. 인공지능은 배우를 실존 인물과 별개로 새롭게 표현하는 데 이미지나 캐릭터 구성에서 그 영화의 포인트가 될 수 있는 핵심 기술이다. 인공지능 배우 기술은 무엇이고 어떤 영향을 주는가. 영화 산업에서 새로운 가능성과 논란을 동시에 지닌 인공지능에 대해 알아본다.

AI와 난임 극복?

기술적 이해와 활용

인공지능 기술은 영화에 다양하게 사용돼 왔다. 특히나 영상 편집 및 후속 처리 부분에서 그 빛을 더욱 발휘했다. 편집 소프트웨어에서는 자동 색상 보정, 영상 안정화, 장면 탐지 등의 기능을 제공해 제작자가 더욱 빠르고 정교하게 영화를 편집할 수 있도록 도우며 특수 효과 측면에서도 많이 활용되었다. 딥 러닝을 활용한 이미지 생성 모델을 사용하면서 더 실감 나는 디지털 캐릭터와 배경을 만들 수 있었고 복잡한 특수 효과의 인공지능에 함숫값을 표현하거나 자동으로 생성할 수 있었다. 그렇다면, 영상 업계 내에서 어떤 일을 더 할 수 있을까?

역할과 연기에 대한 지원

먼저, 영화 캐스팅 및 역할을 선정하는 부분에서 도움을 줄 수 있다. 인공지능은 대규모 정보를 지니기 때문에, 데이터 분석을 통해 창작자의 분위기와 스토리에 맞는 최적의 캐스팅을 제안해 줄 수 있다. 배우 개인의 과거 작품의 성공 패턴과 지금까지의 연기력을 분석해 적절한 배역에 임할 수 있도록 할 수 있다. 실제로 챗지피티에 배우 섭외를 부탁해 보았다.

질문자: 가상으로 캐스팅을 진행하려고 해. 각 역할에 맞는 배우는 누가 있을까?

챗지피티: 가상으로 캐스팅을 진행하는 것은 재밌는 아이디어네요! 여기 주인공 영아와 준석을 맡을 수 있는 몇 가지 배우 후보를 소개할게요.

주인공 영아(2025)
박신혜
밝고 섬세한 연기로 잘 알려진 배우로, 현대적이면서도 감정 풍부한 역할을 잘 소화할 수 있을 것 같습니다.

김고은
다채로운 감정 연기로 잘 알려진 배우로, 복잡한 내면 성장을 묘사하는 데 적합할 것입니다.

문가영
젊고 활기찬 이미지와 함께 감정의 변화를 자연스럽게 표현할 수 있는 배우입니다.

예시 대화와 같이, 질문자가 제공해 주는 시나리오에 맞는 가상의 섭외가 가능하다는 점을 확인할 수 있다.

챗지피티:

준석 (1990년대)

유승호

다재다능한 연기력으로 알려진 배우로, 자유로운 정신과 열정을 잘 살릴 수 있을 것입니다.

박보검

밝고 긍정적인 이미지와 함께, 성장과 변화를 묘사하는 데도 적합한 배우입니다.

정해인

부드러운 매력과 함께 진솔한 감정 연기로 사랑받는 배우로, 시대적인 변화와 사회적 문제에 대한 이해를 잘 조화시킬 수 있을 것입니다.

또한 이후에도 영화 제작의 여러 방면에 도움을 줄 수 있다. 배우의 연기 분석과 개선을 진행해 줄 수도 있기 때문이다. 회화용으로 나온 언어 발음 교정 프로그램을 통해 대사 전달에 도움을 받을 수도 있으며, 표정을 통해 자신의 감정 표현을 더욱 섬세하게 진행할 수도 있다. 이는 개인의 연기를 심도 있게 평가하고 발전할 수 있는 방향성을 제시할 것이다.

참고문헌

강지영(2024). AI 기반 VFX 소프트웨어의 혁신: 영화 제작의 새로운 시대. ≪한국디지털콘텐츠학회논문지≫, 25(8), 2239-2250쪽, 한국디지털콘텐츠학회.

네오퍼스트(2023.4.28). 인공지능 VFX 혁신, "영화 제작의 새로운 시대의 여명". 인공지능 활용 연구소 인공지능UI, https://neo-platform.tistory.com/54

박찬(2022.5.9). "다 걸렸어"…99% 딥페이크 탐지하는 인공지능 기술, ≪AI타임스≫, https://www.aitimes.com/news/articleView.html?idxno=144482

박찬(2022.11.1). 세계 첫 인공지능 작품 전시회 개막, ≪AI타임스≫, https://www.aitimes.com/news/articleView.html?idxno=147641

박효목(2023.7.15). "AI가 내것 뺏어가" 할리우드 배우-작가, 63년만에 동반파업, ≪동아일보≫, https://www.donga.com/news/Inter/article/all/20230714/120244295/1

이보미(2022.6.8). [AI World 2022] "영화 VFX에 적용된 인공지능으로 관객들 자연스러운 영상 즐길 수 있게 됐죠". ≪파이낸셜뉴스≫, https://www.fnnews.com/news/202206081458198935

이보미(2022.6.8). "할리우드 영화 VFX 시장 화두는 AI" [AI월드

2022]. ≪파이낸셜뉴스≫,
https://n.news.naver.com/mnews/article/014/0004848860?rc=N&ntype=RANKING&sid=105

임경업(2024.2.16). 단역 배우 일자리 위협하는 AI. ≪조선일보≫,
https://n.news.naver.com/mnews/article/023/0003817014

임영훈(2024). 인공지능 기반 영화 제작 기술의 현재와 미래. ≪애니메이션연구≫, 20(2), 277-296쪽, 한국애니메이션학회.

전병원(2023). 인공지능과 영화영상제작: 영화영상제작 도구로서 인공지능의 활용사례를 통해. ≪프리뷰≫, 20(1), 한국디지털영상학회.

정서연(2022.11.25). 세계 첫 인공지능 미술 전시회?. 와이아트,
https://contents.premium.naver.com/whyart/media/contents/221124170949423jk

정인선(2024). 생성형 인공지능을 이용한 영화 제작과 그 미학적 가능성. ≪프리뷰≫, 21(1), 한국디지털영상학회.

최빛나 외(2023). AI 창의성을 둘러싼 예술의 위기와 가능성. ≪문화과학≫, 114호, 191-227쪽. 문화과학사.

황정호(2024.3.25). 뛰는 AI 위 나는 AI…'딥페이크'도 인공지능이 잡는다, ≪KBS 뉴스≫,
https://news.kbs.co.kr/news/pc/view/view.do?ncd=7921726

Hart, R. D.(2017.8.15). If an AI creates a work of art, who owns the rights to it?. *QUARTZ*,
https://qz.com/1054039/google-deepdream-art-if-an-ai-creates-a-work-of-art-who-owns-the-rights-to-it

04
AI 아바타

인공지능은 배우를 도와주는 보조적인 역할을 수행하는 것뿐만 아니라 가상의 캐릭터를 만들기도 한다. 즉, 하나의 배우와 같은 캐릭터를 만들어 작품에 도움을 주고 직접 연기를 하는 인공지능이 있다는 것이다. 아바타의 존재가 촬영 현장에 미치는 영향과 영화 산업 내에서의 인식 및 논란에 대해 알아보자.

AI와 사주?

AI와 아바타

인공지능을 아바타로 사용하기도 한다. 아바타로 사용되는 종류에는 2가지가 있는데, 하나는 실제 배우를 분석하는 시스템이고, 또 다른 하나는 새로운 가상 캐릭터에 감정을 입력해 연기하도록 하는 기능이다.

디지털 트윈(digital twin)은 컴퓨터 시스템을 통해 가상의 모델을 제작하는 것을 말한다. 인공지능 기술을 활용한 디지털 트윈을 통해 배우의 외모와 목소리 등을 학습하고, 배우의 스타일을 복제한다. 디지털 트윈을 사용하면 촬영 현장에 배우가 실제로 있지 않아도 그 빈자리를 채울 수 있다. 배우를 쓰는 금액과 시간 등에 대한 부담이 상대적으로 낮아질 수 있다. 실제 배우가 존재하지 않아도 촬영이 진행될 수 있어서, 동시에 다른 일도 진행할 수 있다는 강점이 있다. 아직은 활발하게 사용되고 있지는 않지만, 인공지능 디지털 트윈 기술이 더욱 발전한다면, 배우가 한 작품에 출연하는 동안에 다른 작품에도 출연할 수 있는 '동시 출연'이 가능한 세상이 올지도 모른다. 배우는 인공지능을 활용해 물리적 한계를 뛰어넘는 동시다발적인 일을 수행할 수 있으며, 배우의 사정으로 촬영에 참여할 수 없는 상황에서도 차질이 발생하지 않도록 제작 일정을 맞출 수 있는 강력한 유연성을 가진다.

인공지능 기술이 발전하면 발전할수록 촬영이 쉬워지고 일의 유연성과 효율성이 생기게 된다. 문제가 생겼을 때 대체할 방법이 많아지고 제작 환경이 원활하게 흘러가도록 한다. 배우들은 촬영 현장에 항상 있지 않아도 되기 때문에 피로도를 확연히 줄일 수 있으며, 모션 캡처(motion capture) 기술을 통해 반복되는 장면을 계속해서 연기해야 한다는 부담감도 줄어든다. 인공지능 기반의 모션 캡처 기술은 배우의 움직임을 학습해 다른 장면에서 그 동작을 반복적으로 사용하게 하는 것이다. 모션 캡처 기술은 몸에 센서를 부착하거나 적외선을 사용해 움직임을 디지털 데이터로 기록한다. 이런 기술을 통해 영상을 촬영할 때 새로운 것에 도전하고 새로운 스타일의 감정을 자유롭게 탐구하고 학습할 수 있게 한다.

인공지능이 촬영 현장에서의 편리함과 효율성에만 도움을 주는 것은 아니다. 배우들의 연기 기술 향상에도 도움을 주는 선생님이 된다. 인공지능이 정보를 기반으로 배우들의 연기와 감정, 목소리 톤, 제스처 등을 분석해서 맥락에 맞춰 대사를 자연스럽게 구사할 수 있도록 실시간 피드백을 해 주기도 한다. 더해서, 다양한 연기 스타일을 미리 도전해 보고 효과적으로 연습할 기회를 제공한다. 인공지능을 활용해 배우의 연기 능력을 향상하고 새로운 것을 발견할 수 있다는 것이다. 연기에 대한 도전의 기회가 보장되면 될수록 배우들은 다양한 캐릭터의 이야기를 표현할 수 있게 되고 독특한 연기 스타일을 연구하고 개발할 기회를 얻게 된다.

인공지능이 연기에 대한 분석과 피드백으로 돕는 것만은 아니다. 배우가 작품을 더욱 깊이 이해하고 캐릭터에 대한 통찰력을 가질 수 있도록 하기도 한다. 인공지능이 작품을 분석해 캐릭터가 가진 스토리와 심리 상태를 분석해 주어 배우가 작품을 이해할 수 있도록 한다. 배우는 이야기에 내재한 갈등과 심리적 요소, 상황 등을 이해하고 어떤 연기 스타일을 선보여야 하는지 참고하여 연기에 입체감을 살릴 수 있다.

AI와 연기의 자유도

인공지능을 활용하면, 영화에서 배우들에 대한 자유도가 높아진다. 전통적인 촬영에서는 한 주인공의 젊은 모습과 노인 모습을 담아내기 위해서는 대표적으로 젊은 주인공 연기를 하는 배우와 노인을 연기할 배우, 두 명의 닮은 배우를 캐스팅해 촬영을 진행하거나 젊은 배우가 연기하다가 노인 분장을 하고 다른 나이를 연기하는 방법 등을 사용했다. 현재도 많은 작품에서 전통적인 방법을 사용하고 있지만, 인공지능을 통한 기술로 배우들의 실제 나이를 젊거나 혹은 늙게 만들기 위한 디지털 처리를 하는 경우도 생겨나고 있다.

마틴 스코세이지(Martin Scorsese) 감독의 영화 〈아이리시맨〉(2019)은 인공지능 기술을 통해서 배우들의 외모를 변형하여 다양한 나이대를 표현한 작품이다. 〈아이리시맨〉은 제2차 세계대전에 관한 내용을 담았으며, 그 안에서 시간의 흐름이 나타난다. 세계대전이 벌어진 때로부터 2000년대의 양로원의 모습 사이의 여러 시간의 양상을 통해 주인공의 인생 장면들을 보여 준다. 영화에서는 시간의 흐름을 담기 때문에 배우들의 모습을 20대나 30대처럼 만들어야 했지만, 분장만으로는 현실적으로 구현할 수 없었다. 스코세이지 감독은 영화를 촬영하면서 연기에 몰입하는 데 방해가 되는 장치를 사용하는 것을 지양한다. 스코세이지 감독은 모션 캡처용 마커를 사용하는 것 역시 내켜 하지 않았다. 이때 새로운 장치를 개발했는데, 아이엘엠(ILM) 제작사는 2대의 적외선 카메라를 설치한 감독용 카메라와 3대로 이루어진 추가 장치를 개발해 3D 기하학적 데이터 그리고 질감을 촬영했다. 만들어진 세트에서 배우들은 기존의 장치로 인해 연기에 방해받지 않고 촬영에 임할 수 있게 됐다.

아이엠엘의 '페이스 파인더(face finder)'는 배우가 과거부터 현재까지 해 온 연기의 이미지 데이터베이스를 수천 장 분석해 영화 속 장면에 대입했다. 페이스 파인더를 이용해, 분석한 내용을 토대로 영상의 다양한 요소(각도, 조명 등)와 적합한 프레임을 찾아 영화의 해당 장면에 알맞은 모습을 조정한다. 즉, 영화 속 상황에 맞는 나이로 배우의 디지털 대역의 외향을 조절할 수 있다. 인공지능 기술을 영화에 대입해 배우들이 나이에 상관없이 다양한 연령대의 캐릭터를 자유롭게 소화할 수 있도록 하여, 배우의 연기 범위를 확장시킨다. 불가항력적 외모의 부분은 조정할 수 없기 때문에 무조건적인 제약이 발생할 수밖에 없지만, 이제는 인공지능을 통해 어느 정도의 제약은 극복할 수 있게 되었다. 배우들도 나이나 외형에 신경 쓰지 않고 오로지 배역에만 집중해 연기의 품질과 몰입력을 키워 나가 작품의 깊이를 더욱 깊게 만들어 줄 수 있다.

외형뿐만 아니라 인공지능으로 목소리까지 조정해 나이가 들거나 사정이 생겨 목소리가 달라지는 변화가 발생해도 배우가 가졌던 상징적인 목소리를 그대로 유지하는 것 역시 가능하다. 목소리 연기를 해야 하는 상황에서도 배우들이 인공지능의 도움을 받아 경력을 연장할 수 있으며, 은퇴 후에도 자신의 목소리를 조정해 각각의 작품에 사용할 수 있다.

현재 문화는 세계 시장을 이루고 있다. 〈오징어 게임〉(2021)은 넷플릭스를 통해 해외에서도 열풍을 일으켰으며, 봉준호 감독의 〈설국 열차〉(2013)와 같이 몇몇 영화에서는 감독과 배우들의 국적이 달라 진정한 글로벌 영화를 만들어 내기도 한 만큼 다양한 인종과 사람이 섞인다. 다국적 배우들이 참여하는 영화 산업이 늘어나면서 다양한 언어로 소통 및 연기를 해야 하는 경우가 많아졌다. 인공지능이 다양한 기술을 제공해 주어 배우들이 다양한 언어로 다국적 영화나 드라마에서 활동할 수 있도록 한다. 인공지능으로 음성 합성을 진행하면 배우가 가지고 있는 억양과 감정을 그대로 유지한 채로 다양한 언어로 변환할 수 있다. 단순하게 기계음과 같은 번역이 아니라 감정과 발음을 살리면서도 언어를 변경해 주는 것이기 때문에 배우는 언어를 익히지 않아도 글로벌 작품에 출연할 기회를 얻으며, 영화나 영상 제작자 역시 자신의 작품을 해외 시장에 내보낼 수 있다.

인공지능이 배우의 연기를 분석해 연기에 도움이 될 만한 정보를 제공하는 것처럼 발음과 억양도 교정해 준다. 다른 나라의 언어를 구사할 때는 특히 발음과 억양을 조심해야 한다. 모국어가 아니다 보니 현지의 발음과 억양과 차이가 나는 경우가 충분히 발생할 수 있고, 특히 작품을 위해 단기간에 준비한 외국어는 완성도가 더욱 떨어진다. 미흡한 외국어는 작품의 완성도를 떨어뜨리거나 관객이 관람하는 동안 몰입도를 깬다는 단점이 존재한다. 몰입도가 깨지면 관객과의 감정적 커뮤니케이션이 흐트러지는 결과를 낳아 결과적으로 스토리 질의 하락으로 이어질 수 있다.

인공지능은 작품을 망치는 순간을 만들지 않기 위해 배우들을 돕는다. 배우의 외국어 발음을 실시간으로 교정하고 피드백을 제공해 배우가 해당 언어를 자연스럽게 구사할 수 있도록 돕는다. 발음 분석과 억양 조정을 통해 배우가 연기하는 동안 언어의 오류를 잡아내고 수정해 현지화된 언어로 자연스럽게 바꾸어 준다. 인공지능 기술은 배우가 어떤 발음과 억양으로 발음해야 하는지 가이드라인을 보여 주며, 해당 언어를 분석해 자연스러워 보일 수 있도록 한다. 특히 배우들이 특정 대사를 다양한 언어로 연기해야 하는 상황에서 인공지능은 다국어 대사를 제공해 여러 연기를 수행할 수 있도록 한다.

인공지능은 작품 더빙에도 활용할 수 있다. 작품에 더빙이 필요한 상황에서 전문 성우가 진행하는 것이 보편적이겠지만, 인공지능 기반의 립싱크 조정 기술을 통해 배우가 실제로 다른 언어로 대사한 것처럼 입 모양을 조정할 수 있게 되었다. 배우의 입술 움직임을 인공지능이 분석한다. 그리고 변환된 언어에 맞추어 립싱크를 조정해 배우가 외국어로 연기한 것 같은 자연스러운 화면을 보여 준다. 인공지능을 통해 다양한 언어로 바꾸어 콘텐츠를 공유할 수 있기 때문에 콘텐츠를 글로벌화하며 더욱 자연스럽게 현지어처럼 느껴지도록 한다. 영상이나 음성 합성 기능에 관한 연구가 점차 활발히 진행되고 있기에, 립싱크 조정 기술 역시 발전에 박차를 가하고 있다.

배우의 역할

인공지능 기술의 편리성에 관심을 가지고 적극 활용하게 되면서 실제 배우의 연기 패턴과 분위기를 바탕으로 연기하는 인공지능 배우에 대해 많은 의견과 논란이 뒤따르고 있다. 활동하지 않아도 인공지능이 대신할 수 있다는 점에서 새로운 가능성을 제시한다는 의견도 있지만, 그 반대로 배우의 연기 소유권과 인권을 침해할 수 있다는 점이 우려되고 있다. 물론 연기자 고유성이 인정받을 수 있다는 장점이 있지만, 연기자의 가능성을 저지하고 방해한다는 의견도 나오고 있다. 또한 인공지능이 하는 연기에 따른 대가는 누구에게 지불해야 하는가에 대한 모호성도 존재한다. 배우의 얼굴과 목소리 등을 사용하는 것은 맞지만, 실질적인 연기나 영상에 대한 일은 인공지능이 하는 것이기 때문이다. 배우의 출연료는 배우가 연기하는 실질적 근로에 대한 값도 있지만, 배우의 유명세에 따른 흥행 보장 혹은 관객 유도 등에 대한 부분에서도 값이 매겨지기 때문에 금액 분배를 어떻게 할지에 대한 어려움이 있다.

인공지능 배우에 대한 문제점 때문에 실제 할리우드에서는 배우들이 총파업을 하는 일도 벌어졌다. 생성형 인공지능이 배우의 외모와 목소리를 도용했으며 배우들에 대한 '디지털 초상권' 보장이 필요하다는 목소리다. 배우와 작가가 총파업하게 된 일차적 이유는 대형 제작사들의 과실 독차지에 따른 재상영 분배금과 기본급에 관한 문제다. 일차적 이유와 더불어 인공지능을 사용함으로써 벌어지는 디지털 초상권 보장을 제작자 측에서 승인하지 않고 있다는 것이 파업의 이유다. 파업을 지지하는 할리우드 배우들로는 대표적으로 맷 데이먼(Matt Damon), 셰릴 리 랠프(Sheryl Lee Ralph)가 있다. 특히 데이먼은 "우리는 배우들이 공정한 협상을 이뤄 낼 수 있을 때까지 강하게 버텨야 한다"라고 주장한 바 있다. 배우 조합에서는 배우들이 하루 일한 금액만 받고, 회사가 배우의 이미지를 동의나 보상을 따로 하지 않고 평생을 사용할 수 있는 것에 대해 부당함을 제시했다. 제작자 연맹이 말했던 '배우의 디지털 초상권을 보호하는 획기적인 대안'에 의문을 표했다. 할리우드의 동반 파업은 막대한 손실을 불러일으켰다. 할리우드에서 진행하고 있던 많은 영화와 방송 프로그램의 제작이 잠시 중단되는 사태도 생겼다. 촬영이 완료되었어도 영화 시사회나 행사에 파업으로 인해 배우들이 참석하지 않는 경우도 허다했다. 많은 작품의 제작이 무산되고 있는 상황을 보며 미국 케이블 뉴스 시엔엔(CNN)은 2023년 할리우드 배우 총파업으로 인해 발생할 손실 금액을 약 5조 원으로 추정했다. 배우뿐만 아니라 작가 조합 역시 파업을 진행했다. 영화와 방송 등 영상 분야에서 근무하는 작가들은 생성형 인공지능을 통해 만들어지는 대본에 강한 걱정을 표출하며, 인공지능이 만든 대본에 대한 지식 재산권 침해를 지적했다. 작가 조합과 배우 조합의 총체적인 파업을 통해 방송 프로그램은 재방송을 위주로 진행되고, 다양한 작품의 제작이 무산되는 어려움을 겪었다.

인공지능 배우의 등장으로 단역 배우들의 자리가 위

협받는 경우가 있다. 인공지능이 배우 일을 대체하게 된다면, 단역에서 시작해 차근차근 성장을 이루는 배우의 기회와 길이 막힌다는 문제점이 발생한다. 영상 제작자들은 비싼 인건비를 쓰지 않고 인공지능으로 해결할 수 있는 부분은 해결하고자 할 것이다. 작품에서 역할이 작으면 작을수록 캐스팅하려고 하는 제작사는 없을 가능성이 크다. 계속되는 인공지능 성장과 무한한 가능성이 앞으로 배우 업계에 어떠한 영향을 미칠지 알 수 없는 상황이다.

현재 업계의 상황에 대해 예를 들어 본다. 넷플릭스 오리지널(Netflix original) 시리즈인 〈살인자 O 난감〉이란 작품에서는 주연 배우 손석구가 활약했는데, 그의 아역은 인공지능 기술인 딥페이크(deepfake)를 이용해 촬영을 진행했다. 실제로 손석구의 배역을 맡은 아역 강지석이 연기를 진행하면, 그 연기 위에 손석구의 어린 시절 사진 정보를 입력해 어린 시절의 얼굴을 완성해 낸 것이다. 하지만 이런 시도는 성인 역의 얼굴이 입혀지는 것이기에, 아역 배우가 자신의 온전한 얼굴을 알릴 수 없다는 우려를 낳기도 한다. 성인 배우의 어린 시절을 연기하는 아역들은 자신의 얼굴을 사람들에게 직접적으로 알릴 기회를 박탈당하는 것이다. 작품의 사실성과 자연스러움을 위해서라면 인공지능을 통해 성인 배우들의 얼굴을 아역 배우들 얼굴에 입히는 것과 같은 기술이 필요하겠지만, 대중에게 얼굴을 알려 인지도를 얻는 것이 중요한 배우들에게는 화면에 얼굴이 나와도 관객들이 제대로 자신의 얼굴을 인지하도록 만들기 어렵다.

딥페이크처럼 인공지능을 활용한 기술이 발달하면서 연예계에 양극화 현상이 더욱 심화할 수 있다는 전망이 나온다. 유명 배우들은 자신을 본뜬 인공지능 트윈 배우를 활용해 더 많은 수익을 쉽게 창출할 수 있지만, 스턴트 대역이나 단역 배우들의 일자리는 점점 줄어들 수밖에 없는 것이 현실이다.

2023년 7월에 시작해 11월 종료한 할리우드 배우 · 연기자 노동조합의 인공지능발(發) 파업도 발전되는 기술을 통해 피해받는 상황에 대한 우려 때문이었다. ≪뉴욕타임스≫는 "할리우드 제작사와 노조가 체결한 계약에 따르면, 제작사가 생성형 인공지능 배우를 활용하는 것을 완전히 금지하는 조항이 없다", "일부 출연자들은 이에 불만을 품고 있다"라고 밝혔다. 사실상 아직 기술력이 발달하지 않은 상황에서 현재는 딥페이크 기술을 사용하는 비용이 보조 출연자가 받는 인건비보다 비싸지만, 기술력이 좋아지고 활용 범위가 늘어나면 작은 배역 배우들의 인건비보다 인공지능으로 처리하는 비용이 더 저렴해질 수 있다는 전망이다.

일감이 줄어드는 것은 비단 배우뿐만이 아니다. 국내 영화 · 드라마 제작 업계도 공상 과학(SF)이나 판타지 장르에 등장하는 괴물이나 외계인의 디자인을 컴퓨터에 맡기는 사례가 늘고 있다. 현재 판타지 작품을 촬영하는 한 드라마 제작자는 "인공지능에 캐릭터와 드라마 배경을 설명하고 원하는 디자인을 제시하면 하룻밤 새 5만 장이나 그려 낸다"라고 말했다. 이 드라마는 괴수 캐릭터뿐만 아니라 현실에 없는 배경이나 공간 디자인도 기술에 맡기고 있다. 물론 최종 캐릭터는 사람의 손을 거치지만 아이디어를 내고 틀을 잡는 역할을 전부 시스템에 맡기는 상황이라고 할 수 있다. 또 다른 업계 관계자는 "인공지능이 콘텐츠 제작 속도는 올리고, 비용을 줄였지만 동시에 아트 디렉터나 아티스트들의 역할도 축소되고 있다"라고 말했다.

그렇다면 인공지능이 아바타로 사용되는 경우에 생기는 이점은 무엇이 있을까? 먼저 이전부터 섬세한 감정의 영역과 예술의 영역을 건들 수 없을 것이라는 예측을 깬 이변이 된다는 점이다. '인공지능 배우' 그 자체로 새로운 패러다임을 제시하며 큰 의의가 될 것이라 본다. 아바타 기술은 실제 사람의 대체 수단으로 사용되기 때문에 물리적인 제약이나 위험성을 최소화할 수 있다. 그렇기에 감독이나 제작사에서는 원하는 시각적 효과를 달성할 수 있다는 이점이 있다. 더불어 기존에는 우려되던 큰 액션이나 위험 요소가 있는 장면들은 스턴트 대역을 하는 방식이었지만, 실제 영화 산업에 기술이 적용되기 시작한다면 스턴트를 고용하는 비용과 안전과 관련된 우려를 처리할 수 있게 된다. 드라마 〈웰컴투 삼달리〉는 딥페이크 기술로 국민 진행자 송해 씨를 구현하는 것에 성공했다. 사람들이 드라마를 통해 그리운 옛 인물을 다시 만나는 기분을 느끼게 해 주었다는 점에서 큰 장점으로 꼽힌다. 이미 우리 곁을 떠난 배우나 연예인을 그저 자료 화면으로만 볼 수 있는 것이 아니라 인공지능 기술을 통해 마치 살아 움직이는 것처럼 새로운 작품에서 다시 만날 수 있다. 배우의 인생이 죽음을 넘어 지속되고 사람들에게 현재 진행형으로 기억될 수 있다. 나날이 증가하는 배우들의 출연료 인상과 제작비 증대, 그리고 예기치 못한 배우의 부재, 위험한 촬영 현장 등 힘든 미디어 업계에서 인공지능의 활용 범위는 점점 확대될 것이다. 배우들도, 영화 영상 종사자들도 인공지능에 대한 충분한 이해를 토대로 앞으로 산업에서 어떻게 사용하는 것이 바람직한지 명확한 기준점을 고려하는 것이 필요하다.

인공지능 아바타가 실제로 적용되었던 구체적인 사례로는 일본의 연구자들이 개발한 에리카(Erica)를 들 수 있다. SF 영화 〈B〉(2019)는 한 과학자가 완벽한 인간 DNA를 위해 자신이 제작한 프로그램이 위험하다는 사실을 발견하고, 설계한 지능형 시스템 여성(에리카)이 탈출하도록 돕는 이야기다.

일본 과학자인 이시구로 히로시(石黒浩)와 오가와 고헤이(小川浩平)가 로봇 공학 연구의 하나로 에리카를 제작했으며, 메소드 연기의 원리를 그녀에게 적용한 덕분에 표정을 포함한 감정 표현을 할 수 있었다. 영화 〈B〉는 에리카뿐만 아니라 다른 인공지능이 주인공으로 출연한 첫 번째 영화라는 점에서 새로운 정의를 내려 준 큰 사례가 되었다. 영화 관계자는 "기존 배우들은 연기하면서 자기 삶의 경험을 녹여 낸다"라고 이야기하는 것과 더불어, "하지만 에리카는 인생 경험이 없다. 그녀는 아무런 사전 준비도 없이 만들어졌다. 동작 속도를 조절하고, 느낌을 통해 이야기하며, 캐릭터 개발 및 보디랭귀지를 지도하는 일 등은 로봇이 1 대 1 세션을 통해 동작 및 감정을 흉내 내는 방식으로 진행됐다"라고 덧붙였다. 이는 앞으로 인공지능과 인간이 해결해야 하는 지금의 입장을 명확하게 제시한 의견이기도 하다.

참고문헌

강지영(2024). AI 기반 VFX 소프트웨어의 혁신: 영화 제작의 새로운 시대. ≪한국디지털콘텐츠학회논문지≫, 25(8), 2239-2250쪽, 한국디지털콘텐츠학회.

네오퍼스트(2023.4.28). 인공지능 VFX 혁신, "영화 제작의 새로운 시대의 여명". 인공지능 활용 연구소 인공지능UI, https://neo-platform.tistory.com/54

박찬(2022.5.9). "다 걸렸어"…99% 딥페이크 탐지하는 인공지능 기술, ≪AI타임스≫, https://www.aitimes.com/news/articleView.html?idxno=144482

박찬(2022.11.1). 세계 첫 인공지능 작품 전시회 개막, ≪AI타임스≫, https://www.aitimes.com/news/articleView.html?idxno=147641

박효목(2023.7.15). "AI가 내것 뺏어가" 할리우드 배우-작가, 63년만에 동반파업, ≪동아일보≫, https://www.donga.com/news/Inter/article/all/20230714/120244295/1

이보미(2022.6.8). [AI World 2022] "영화 VFX에 적용된 인공지능으로 관객들 자연스러운 영상 즐길 수 있게 됐죠". ≪파이낸셜뉴스≫, https://www.fnnews.com/news/202206081458198935

이보미(2022.6.8). "할리우드 영화 VFX 시장 화두는 AI" [AI월드 2022]. ≪파이낸셜뉴스≫,

https://n.news.naver.com/mnews/article/014/0004848860?rc=N&ntype=RANKING&sid=105
임경업(2024.2.16). 단역 배우 일자리 위협하는 AI. ≪조선일보≫, https://n.news.naver.com/mnews/article/023/0003817014
임영훈(2024). 인공지능 기반 영화 제작 기술의 현재와 미래. ≪애니메이션연구≫, 20(2), 277-296쪽, 한국애니메이션학회.
전병원(2023). 인공지능과 영화영상제작: 영화영상제작 도구로서 인공지능의 활용사례를 통해. ≪프리뷰≫, 20(1), 한국디지털영상학회.
정서연(2022.11.25). 세계 첫 인공지능 미술 전시회?. 와이아트, https://contents.premium.naver.com/whyart/media/contents/221124170949423jk
정인선(2024). 생성형 인공지능을 이용한 영화 제작과 그 미학적 가능성. ≪프리뷰≫, 21(1), 한국디지털영상학회.
최빛나 외(2023). AI 창의성을 둘러싼 예술의 위기와 가능성. ≪문화과학≫, 114호, 191-227쪽. 문화과학사.
황정호(2024.3.25). 뛰는 AI 위 나는 AI…'딥페이크'도 인공지능이 잡는다, ≪KBS 뉴스≫, https://news.kbs.co.kr/news/pc/view/view.do?ncd=7921726
Hart, R. D.(2017.8.15). If an AI creates a work of art, who owns the rights to it?. *QUARTZ*, https://qz.com/1054039/google-deepdream-art-if-an-ai-creates-a-work-of-art-who-owns-the-rights-to-it

05
AI 연출: 프리프로덕션, 프로덕션

영화 제작은 철저한 단계로 세밀하게 진행된다. 프리프로덕션, 프로덕션, 포스트프로덕션의 3단계로 구성된 영화 제작 3단계에서도 인공지능은 빼놓을 수 없다. 각 제작 단계에서 인공지능의 쓰임새를 알고 나면, 후에 영화를 제작하는 데 큰 도움이 될 것으로 예측할 수 있다. 그에 영화감독의 역할을 제작 단계별로 이해할 필요가 있다. 먼저 프리프로덕션과 프로덕션 단계를 알아본다.

AI와 아이돌?

영화감독은 영화 제작 전반에서 선택과 결정을 한다. 시나리오 작성부터 상영까지, 영화감독의 손을 거치지 않는 부분이 없다. 그렇다면 영화감독은 인공지능과 어떤 상관관계가 있을까? 영화 제작 단계는 프리프로덕션(pre-production), 프로덕션(production), 포스트프로덕션(post production)의 3단계로 분류한다. 단계별로 인공지능 기술이 영화감독의 역할에 어떤 영향을 끼치는지 알아보자.

1단계: 프리프로덕션

프리프로덕션은 촬영을 위한 모든 것을 계획하고 준비하는 단계다. 모든 영화는 하나의 아이디어에서 출발한다. 그 아이디어는 어떤 스토리가 될 수도 있고, 실제 인물이건 허구 인물이건 오랫동안 구상해 온 특정 캐릭터일 수도 있다. 이 아이디어를 발전시켜 살을 붙이고 자료를 조사해 시나리오를 쓰기 시작한다면, 비로소 '영화 준비' 단계에 들어갔다고 할 수 있다.

영화 프리프로덕션 과정은 영화를 만드는 것에 단단한 기반을 다지는 작업이다. 프리프로덕션 단계에서 제대로 대비하지 않으면 촬영 중간에도, 그리고 포스트프로덕션 단계에서도 문제가 계속해서 발생하며 대비해야 하는 변수가 증가한다. 건물을 짓는 것과 같다고 생각하면 된다. 건물을 지을 때도 확실한 계산을 통한 도면을 만들고 철근 하나, 시멘트 하나, 날씨 상황 등 모든 부분을 계산해야 튼튼한 하나의 건물이 만들어진다. 영화도 사전에 확실한 준비가 동반돼야 문제를 조금이나마 줄일 수 있다. 아무리 프리프로덕션 단계에서 다 준비했다는 생각이 들어도 현장은 문제와 변수의 연속이기 때문에 최대한의 점검이 요구된다. 프리프로덕션 단계의 준비 여부에 따라 영화의 실패와 성공이 결정된다고 봐도 무방하기 때문에, 영화감독을 비롯한 모든 파트의 스태프들이 철저히 준비하고 회의를 한다.

영화감독은 아무것도 없는 무의 상태에서 영화라는 작품을 그려 나가야 한다. 하나씩 차근히 정해 가면서 일을 진행해야 하는데, 우리가 콘티를 그릴 때 잘못 삐끗하면 수습하기 굉장히 어려운 것처럼 한번 정해진 사항을 취소하거나 수정하는 것은 매우 어려운 일이 될 수 있다. 어떤 일을 확정 지을 때는 가벼운 마음으로 수정 가능성을 생각하는 것보다 결정한다는 마음가짐으로 성실히 준비해야 한다. 한 가지를 수정하기 위해 몇십 명의 인력과 비싼 값을 치러야 할 수도 있다. 비가시적인 가치인 사람 간의 신뢰 역시 깨질 수 있다. 그렇기에 처음 기획

하는 단계에서 영화가 어떤 주제와 콘셉트를 가진 이야기인지 아이디어를 만들어 내고 구체화하여 영화의 스토리라인을 잘 도출해 내는 것이 중요하다.

영화에서 기획 단계가 정해졌다면, 이제는 필요한 부분에 대한 예산과 제안서 등 서류 작업 도입에 들어간다. 영화 제작에서 필요한 부분을 체크하고 소요되는 예산과 서류를 준비해 현장에서 촬영이 원활하게 진행되게 한다. 동시에 예산에 대해, 펀딩과 같이 투자를 받을 수 있는 투자자와 스폰서를 찾아야 한다. 영화 제작은 제작비와의 싸움이라고 할 정도로 자금을 확보하는 것이 가장 중요하다. 제작비가 어느 정도 확정되기 시작하면 영화의 규모 역시 예측 가능해진다.

투자받는 것에 성공하면, 본격적으로 시나리오에 따른 영상 스토리보드를 만든다. 각 장면을 어떻게 연출할지 스토리보드에 구성안을 작성하며 구체적인 장면을 설정한다. 스토리보드를 보고 촬영에서 무엇이 필요한지 체크해 본격적으로 로케이션과 소품 등을 헌팅한다. 영화감독은 모든 부분을 감독하며 영화를 촬영하기 위한 퍼즐을 맞춘다. 스태프들과 촬영에 대한 계획을 세우면서 촬영 기간과 날짜 그리고 로케이션 촬영과 조명, 음향 등 어떤 장비를 써서 어떤 방식으로 촬영을 진행할지,

렌트와 배우와 관련된 모든 것을 프리프로덕션 단계에서 정한다. 동시에 원래 진행하고자 하는 계획인 대안 A가 좌절되었을 때 지체 없이 빠르게 진행할 수 있도록 대안 B와 C도 같이 준비해야 한다. 프리프로덕션 때는 준비의 모든 부분이라고 생각하면 될 정도로 고려해야 하는 요소가 많다. 영화감독이 모든 것을 관리해야 하는데, 이때 인공지능이 프리프로덕션 단계의 과정을 돕는다면 영화를 제작하는 과정이 훨씬 편해질 것이다.

인공지능은 프리프로덕션 단계에서 시나리오 점검, 날씨 체크, 정보 제공 등 다양한 부분에서 보조 역할로 톡톡히 활용된다. 또한 영화 준비와 동시에 과연 영화가 흥행할 수 있을지에 대한 여부도 사전에 파악할 수 있도록 분석 서비스를 제공한다. '시네리틱(Cinelytic)'과 같은 플랫폼에서 알고리즘에 기반해 영화 흥행 여부 예측 시스템을 제공한다. 영화사인 워너 브라더스(Warner Bros)도 영화 흥행 예측 서비스들을 사용하며, 디즈니(Disney)는 자체 영화 흥행 서비스를 구축하고 있다. 인공지능은 거대한 제작비가 들어가는 영화 산업 시스템이 가진 부담감을 덜어 주고 흥행 실패에 대한 위험에 대비할 수 있게 해 막대한 손실을 줄여 준다. 할리우드에서도 인공지능을 활용해 영화 제작의 실패에 대한 위험성에 대비한다.

배우 캐스팅과 로케이션 헌팅에도 많은 위험성과 예산 손실이 발생할 수 있다. 놀랍게도 인공지능은 이 부분에서도 톡톡히 보조 역할을 이행한다. 캐스팅을 분석한 결과를 통해 흥행 수치를 계산해 제공한다. 영화 제작자들은 데이터를 기반으로 분석된 지표를 보고 어떤 배우를 캐스팅해야 최적의 흥행을 만들어 낼 수 있을지 계산하게 된다. 영화 내에서 캐스팅 간 최고의 조합을 사전에 진행해 볼 수도 있다. 또한 프리프로덕션 단계에서 진행하는 시나리오 작성과 예산 책정 등에도 새로운 차원의 효율성을 선사한다. 그리고 인간이 놓칠 수 있는 부분이나 예측 불허한 변수들을 계산해 주면서 만반의 준비가 가능하도록 돕는다. 즉, 인공지능이 핵심 비즈니스부터 예산안 관리, 캐스팅 등 프리프로덕션에서 진행되는 전반적인 부분에서 분석과 판단을 통해 큰 도움을 줄 수 있다.

영화 프로듀서는 어떠한 일을 할까. 모든 제작사는 '영화 제작'이라는 목표를 가지고 있으며, 하는 일은 그 규모와 상관없이 동일하게 돌아간다. 다만 대형 제작사에는 프로듀서가 따로 있지만, 1인 제작사는 제작자이자 감독이 그 역할까지 하는 경우가 허다하다.

영화 프로듀서의 첫 번째 업무는 제작 비용을 산출하는 '견적서 작성'이다. 예산 책정 및 관리를 맡아 줄 프로덕션 관리자를 고용할 수도 있고, 직접 할 수도 있다. 하루 동안 촬영이 가능한 신(scene)별로 시나리오 페이지를 분류하고, 전체 일정을 산출한다. 그리고 장비 및 세트장 대여와 의상, 배우 개런티(guarantee), 스태프 임금, 대역 배우나 특수 효과 등의 비용과 기타 경비 등을 계산한다. 이 과정은 감독이나 시나리오 작가가 스토리를 계속 작성하고 수정하는 것과 동시에 진행한다.

두 번째 업무는 '자금 조달'이다. 영화 제작자는 합법적인 모든 수단을 동원해 자금을 모은다. 투자자를 찾아갈 수도 있고 가족과 친구들에게도 빌리거나 온라인에서 크라우드펀딩 캠페인을 전개할 수도 있으며, 대출을 받을 수도 있다. 또는 간접 광고(PPL)를 통해 브랜드 후원을 받을 수도 있다.

이렇게 다양한 경로로 제작을 시작할 충분한 금전적 여유를 확보했다면 촬영을 위한 본격적인 준비를 시작한다. 먼저, 배우 캐스팅과 스태프 고용이 있다. 규모는 예산과 제작 범위에 따라 달라지며, 저예산 독립 영화의 경우에는 인원이 부족해 한 사람이 여러 직책을 맡는 경우가 허다하다. 그런데도 영화감독, 촬영 감독, 캐스팅

디렉터, 의상 디자이너, 세트 디자이너, 조명 디자이너, 사운드 디자이너는 반드시 있어야 한다. 다음으로는, 로케이션 섭외다. 처음부터 끝까지 방음 처리가 잘된 세트장이 아니라면, 로케이션 담당자와 관리자가 필요하다. 적당한 장소를 찾고 필요한 인가와 허가증 그리고 배우 및 스태프들을 위한 주차 공간을 확인한다. 케이터링(catering)도 신경 써서 준비해야 한다. 간식이 마련된 식음료 서비스는 긴 진행 기간 동안 사기를 '충전'하는 데 필수다. 또한 모든 세부 사항을 계획해야 한다. 최종 시나리오가 완성되면 스토리보드를 만들어 촬영 시 작품의 내용을 어떻게 구현할지 계획한다. 프리프로덕션은 영화의 모양(look)을 찾아 가는 단계다. 어떤 렌즈와 조명을 사용할지, 분위기 변화를 어떻게 연출할지 등에 대한 의견을 나누고 결정한다.

그리고 영화의 모든 숏에 대한 플롯을 짠다. 숏 목록을 작성해 소요 시간, 필요한 장비와 인원수까지 꼼꼼하게 기록한다. 모든 단계를 상세히 계획해야 프로덕션에 들어가서도 예상치 못한 상황 없이 계획대로 진행할 수 있기 때문이다. 또한 원활한 현장을 위해 일정을 세부적으로 정리해 촬영 스크립트를 작성한다. 스크립트에는 각 장면에 걸린 시간, 세트장에 필요한 인원, 장비, 소품,

의상 등을 자세히 적는다. 프로덕션 단계에 필요한 것을 프리프로덕션 단계에서 얼마나 꼼꼼히 계획했느냐에 따라 영화 제작의 성패가 좌우된다. 그렇기에 아주 중요한 단계라고 할 수 있다. 구체적으로 계획하지 않으면 현장에 들어가자마자 모든 것이 어그러지기 쉽다.

마지막으로는 후반 작업 실력을 쌓는 것이다. 경험은 많지 않지만, 직접 편집할 계획이라면, 본 촬영에 들어가기 전에 푸티지(footage) 편집과 장면을 구성하는 작업을 많이 연습하는 것이 좋다. 푸티지는 영화와 영상을 제작하면서 아직 편집이 이뤄지지 않은 미편집된 영상물을 말한다. 미편집한 원본이라고 생각하면 된다.

2단계: 프로덕션

첫 번째로 설정 숏부터 크레디트가 올라가기 직전 마지막 프레임까지 모든 숏을 계획하고, 로케이션, 배우, 스태프, 세트장, 헤어, 분장, 의상, 소품 등 만반의 준비가 되었다면 이제 프로덕션을 시작한다. 본격적으로 시작되면 온종일 촬영을 해야 하기 때문에, 사전에 충분히 쉬어 주는 것이 좋다.

프로덕션 단계에서는 매일 사용되는 제작 비용을 보고 불안이 엄습해 올 수도 있지만, 그만큼 재미와 보람을 가장 많이 느끼는 단계이기도 하다. 배우가 세트장에 등장하면 함께 대사 리허설을 시작하고 연기와 카메라 동선을 짠다. 촬영 단계에서는 전달하고자 하는 스토리의 뼈대가 되는 기본 숏을 먼저 찍어 놓고 그다음으로 멋지지만 세팅하는 데 시간이 걸리는 특별한 숏을 담는 것에 주력한다. 사실상 아무리 완벽하게 준비한다고 하더라도 예상하지 못하는 상황은 일어날 수 있음을 명심해야 한다.

프로덕션 단계에서는 영화의 모든 분량의 대부분을 다 촬영한다고 생각하면 된다. 첫 촬영이 시작되는 것부터 프로덕션 단계도 시작된다. 촬영이 진행되면서 다 찍지 못한 부분은 본 촬영이 끝나고 추가 촬영이 이뤄지는 경우도 많고, 시간이 부족하면 몇 명의 인원이 다른 곳에서 동시 촬영을 진행하기도 한다. 프로덕션 단계의 첫날은 모든 인원이 합을 맞춰 보는 순간이기도 하다. 영화감독은 배우를 비롯한 모든 스태프와 서로 소통이 원활하게 될 수 있도록 그들을 파악하는 것도 중요하다. 배우의 연기력 부족 또는 스태프들과 맞지 않는 부분이 생긴다면 빠르게 체크하고 결정할 부분은 결정해야 한다. 사람들 간의 문제로 인해 촬영장에 해가 된다면 신중한 판단을 통해 사람을 교체하기도 해야 한다. 영화는 혼자 하는 작업이 아니기 때문에, 소통이 잘되는 것도 좋은 스토리를 만들어 내는 것만큼이나 중요하다. 원활한 촬영을 위해 문제가 되는 부분은 모두 해결을 해 나가야 한다. 이런 결정을 하는 것이 영화감독의 역할이다. 다양한 분야에 있는 스태프들 간에 원활한 소통이 되도록 하고 모두가 작품에 대해 같은 이해를 공유할 수 있도록 이끌어야 한다. 영화를 위한 공통된 목표를 수립할 수 있도록 감독은 조율과 선택을 거듭해 나간다. 촬영에 임하는 모든 사람과 의견 차이를 조율하고 최적의 선택을 해 나가며 그 결정에 책임을 지는 모습을 보여 줘야 한다.

촬영에 들어가면 시작과 끝나는 시간의 엄수가 중요하다. 촬영 지연이 생기면 나비 효과를 불러와 뒤에 계획된 일에 차질이 생길 수 있다. 촬영해야 하는 부분을 무조건 끝내야 하는 것이다. 프로덕션 단계에서는 책임 소재가 확실해야 한다. 상황에 따른 책임 소재가 명확하지 않으면 촬영장이 무질서해질 확률이 높다. 각자가 해야 하는 부분에 대해 다른 파트의 과도한 개입이 생길 수 있으며, 문제가 발생했을 때 책임 소재를 찾아 빠르게 해결하는 것도 어려워진다. 프로덕션에서는 인원 체크도 중요하다. 고된 현장에서 불필요한 인원을 동원하면 효율성이 떨어지고 예산도 불어난다. 촬영마다 필요한 인원과 불필요한 인원을 확인해 적재적소에 배치해야 한다. 필요한 곳에 인원이 없어 허둥지둥하거나, 필요하지 않은 곳에 인원이 과다 배정되어 놀고 있는 인원 혹은 많은 인원으로 인해 혼란스러운 촬영 현장을 만들어서는 안 된다. 진행 단계마다 각자가 맡은 일이 정해져 있어야 한다.

프로덕션에서 중요한 부분은 촬영의 진행이다. 촬영을 진행하면서 못 찍는 장면은 없다고 생각해야 한다. 하지만 프리프로덕션 때 모든 준비를 끝마쳤다고 생각하고, 순조롭게 끝날 것이란 바람과는 다르게 실제 현장에서 촬영이 중단될 정도로 최악의 변수가 생기는 경우가 많다. 대표적으로 기상 악화와 같은 자연재해나 배우의 컨디션 문제 등이 있다. 이럴 때 영화감독과 프로듀서는 촬영을 중단하고 손을 놓고 있을 것이 아니라, 현재에 할 수 있는 최선의 차선책을 선택해야 한다.

프로덕션 단계에서 인공지능은 기술적인 부분에 도움을 줄 수 있다. 정신이 없고 신경 쓸 부분이 많은 현장에서 인공지능은 촬영 장비를 최적화해 정교한 조정이 가능하게 한다. 자동 모드를 통해 일일이 맞추지 않아도 인공지능이 분석해 설정하고, 시시각각 변하는 시간과 장소에서 같은 컨디션을 유지할 수 있도록 설정을 유연하게 바꾸어 준다. 반복적인 촬영에서 튀는 장면이 없도록 일정한 품질을 유지하도록 돕는다. 또한 VFX(visual effect: 시각 효과)가 필요한 영화에서는 실시간으로 간편하게 시각 효과를 확인할 수 있도록 기술을 제공한다. 영화감독은 즉각적으로 시각 효과를 대입했을 때의 후작업 모습을 확인함으로써 현장에서 빠른 수정과 원활한 촬영 진행이 가능해진다. 감독이 원하는 장면을 더 정확하게 촬영할 수 있고, 카메라의 각도와 동선 그리고 조명 등의 다양한 부분을 미리 조정할 수 있다. 인공지능 기술을 통해 자동화가 진행되고 미리 점검을 마치고 촬영을 진행되다 보면, 촬영 속도와 비용이 절감된다. 반복되는 장면은 더욱 빠르고 간편하게 촬영이 가능하고 실시간 점검으로 불필요한 재촬영을 방지할 수 있다. 또한 각종 데이터를 분석해 최적으로 진행될 촬영 계획을 돕고 제안을 통해 전반적인 프로덕션 효율성을 높인다. 품질과 효율성을 개선할 방법을 제공해 촬영 중 차질이 발생하지 않도록 돕는다.

참고문헌

임영훈(2024). 인공지능 기반 영화 제작 기술의 현재와 미래. ≪애니메이션연구≫, 20(2), 277-296쪽, 한국애니메이션학회.

전병원(2021). AI 영화영상콘텐츠를 위한 AI 예술 창작 사례연구. 국제문화기술진흥원.

전병원(2023). 인공지능과 영화영상제작: 영화영상제작 도구로서 인공지능의 활용사례를 통해. ≪프리뷰≫, 20(1), 한국디지털영상학회.

전병원(2024). 인공지능(AI) 시네마(Cinema) 연구-도상학, 기호학, 영화기호학 이론을 적용한 인공지능 시네마 창작방법론 연구 필요성. ≪한국예술연구≫, 44호, 53-76쪽, 한국예술종합학교 한국예술연구소, http://dx.doi.org/10.20976/kjas.2024..44.003

정인선(2024). 생성형 인공지능을 이용한 영화 제작과 그 미학적 가능성. ≪프리뷰≫, 21(1), 한국디지털영상학회.

편집부(2024). 애니메이션과 VFX(시각특수효과) 분야의 생성형 AI 도입을 둘러싼 논란과 시사점. ≪디지털 미래와 전략≫, 219호, 40-45쪽, 스트라베이스.

06
AI 연출: 포스트프로덕션

앞서, 영화 제작의 프리프로덕션 단계와 프로덕션 단계를 알아보았다. 그렇다면 후반 작업인 포스트프로덕션은 무엇이고, 일을 진행하며 인공지능이 어떤 활약을 할 수 있는지, 프로그램들이 어떤 도움을 줄 수 있는지 자세히 알아보자.

AI와 야구?

포스트프로덕션

영화의 진짜 마법은 포스트프로덕션 단계에서 일어난다. 오랜 시간 끝에 얻은 푸티지(footage: 비디오 또는 영화 촬영에서 얻은 원본 영상)가 관객들을 생각하게 만들고 웃기고 울리는 스토리로 탄생하는 때가 바로 이 단계이기 때문이다.

포스트프로덕션은 편집과 재편집을 반복하는 고뇌의 과정이다. 모든 푸티지를 취합했다면, 이제 작업을 시작한다. 가장 훌륭한 테이크(take)를 골라 편집본을 만드는데, 촬영 스크립트 노트를 통해 어떤 테이크가 좋았는지 아닌지를 참고한다. 머릿속에서만 상상하던 영화는 던져 버리고 실제 촬영된 결과물로만 만들어야 한다. 찍어 온 영상본만이 영상물을 완성할 수 있는 재료다. 한정된 재료들로 상상하는 작품 그 이상의 품질로 끌어올려야 한다. 가편집본이 완성되면 이제 다른 사람과 공유해 의견을 듣고, 이를 바탕으로 수정 작업을 거듭한다. 그렇게 여러 번 반복하다 보면 만족스러운 최종본이 완성되어, 이제는 영화의 룩과 사운드를 더 좋게 만들어 줄 작업을 시작한다. 영상의 전체적인 룩 완성을 위해 모션 디자이너가 특수 효과를 추가하고, 사운드와 음향 효과 전문가는 대사와 효과음 그리고 음악을 더욱 매력적으로 만든다. 촬영 감독이나 컬러리스트가 색상을 보정하기도 한다. 이렇게 해야 모든 장면의 색감이 일관되게 유지되며 안정감 있게 된다.

많은 작업이 요구되는 포스트프로덕션 단계에서 인공지능을 사용해 작업의 효율성과 세밀함을 향상시키는 움직임은 점점 늘어난다. 인공지능을 통해 자동으로 영상 편집을 어느 정도는 할 수 있다. 인공지능 알고리즘을 통해 대량의 촬영 데이터를 분석하고, 영화감독이 생각하고 있는 감정적 흐름과 이야기 구조에 맞게 컷을 자동으로 선택 및 편집할 수 있다. 영화의 분위기와 시나리오를 기반으로 최적의 컷 편집이 가능하다는 것이다. 인공지능의 도움을 받아 방대한 양의 편집 일의 무게를 덜 수 있다. 또한 컷 편집 이외의 후반 작업에서도 인공지능은 업무량을 줄여 주는 데 탁월하다. 아직은 인공지능이 단독으로 모든 후반 일을 처리할 수는 없겠지만, 특수 효과 부분이나 그래픽 처리, 색 보정 등의 영역에서 인공지능은 일관성 있는 영상미를 유지하며 영화에 맞는 작업을 진행한다.

인공지능은 후반 작업을 보조하는 것을 넘어 비교적 쉬운 조작으로 수준 높은 작업을 할 수 있도록 한다. 다른 다양한 예술가들의 스타일을 학습하고 이를 새롭게 만들어 내는 신경망 기반 인공지능도 나타난다. 영상과 이미지 후반 편집의 유명 소프트웨어인 어도비(Adobe)도 그래픽 카드 전문 기업 엔비디아(NVIDIA)와 협업해 인공지능 기술을 만들어 냄으로써 포토샵과 같은 여러 개의 프로그램에 적용하여 작업의 편리함을 제공한 바 있다.

인공지능의 역할

결론적으로, 인공지능은 영화 제작의 전 단계에 영향을 미칠 수 있다. 무에서 유를 창조하는 것은 한계가 있을 테지만 감독 및 각본가의 초기 구성의 미흡한 점 및 보완해야 할 점은 컴퓨터의 도움을 받을 수 있다. 하지만 이런 기술을 사용하기 위해서는 인공적 시스템의 구성 체계에 대한 이해와 활용 학습이 필요하다는 것을 잊으면 안 된다. 데이터를 기반으로 자동화하는 '자연어 처리 기술'이 있는데, 패턴을 인식해 소통하기 위해 이용한다. 그리고 이때, 대화 형식으로 감독, 각본가는 원하는 결과를 얻기 위한 소통을 진행할 수 있다. 언어라는 명령어로 결과를 도출하거나 프로그램별 설정된 입력값을 넣으면 된다. 인공지능은 감독이 원하는 답안을 도출할 것이다. 또한 시나리오 단계에서는 과거부터 지금까지 나온 다양한 거장 영화의 패턴을 기반으로 새로운 아이디어를 제공할 수도 있다. 초반 이야기가 생성되면 주어진 작품의 상황 속에서 감독이 원하는 캐릭터에 관한 설정을 맞출 수 있다. 각본에서 어떤 내용을 끌고 가는지, 주된 주제가 무엇인지 등에 대해 분석한 뒤 컴퓨터가 캐릭터의 설정을 맞추어 나갈 수 있는 것이다. 더불어, 등장인물의 감정 상태에 대해 이해하고 방안을 제안할 수 있다. 바로 '텍스트'를 분석하는 기술이다. 대본에서 감정적 요소들을 찾아내어 해석해, 특정 장면이나 캐릭터의 내면 묘사 효과를 강화하는 스토리텔링에도 도움을 준다.

두 번째로, 인공지능은 캐스팅에도 관여할 수 있는 능력이 있다. 바로 '이미지 인식 기술'을 사용하는 것인데, 각 배우의 얼굴을 인식해 특성을 파악한다. 인물이 가진 감정 표현과 얼굴 구조, 연기력과 같은 부분을 살펴본다. 이를 바탕으로 감독은 자신의 작품에 알맞은 배우를 캐스팅할 수 있으며, 가상의 시뮬레이션을 돌려 볼 수도 있다. 자기 작품에 맞는 배우가 누구인지 도움을 받을 수 있는 가능성을 제시한 것이다.

세 번째는 제작과 관련된 부분이다. 인공지능은 효율적인 촬영 계획을 세울 수 있다. 가변적이고 변수가 많은 요소인 날씨와 교통 상황 등을 고려해 일정을 최적화해 주기 때문에 영화 제작에서 생산성을 높일 수 있다. 예를 들어, 익숙하지 않은 지역에서 촬영을 진행할 때는 이동 시간을 예측할 수가 없는데, 이때 교통 상황을 시간대별, 이벤트 기간별로 예측해 준다. 이것을 일촬표에 적용해 실제 벌어질 수 있는 충돌을 방지할 수 있다. 비단 계획과 분석만 할 수 있는 것은 아니다. '카메라 워크'도 예상이 가능한데, 시뮬레이션과 예측 기술을 활용해 특정 장면의 카메라 움직임과 동선을 감독이 사전에 시각적으로 확인할 수 있게 해 준다. 감독은 제공하는 시각적 프로그램으로 본 촬영 전 화면 구성을 확인하고 원하는 방향으로 진행한다. 이러한 점은 현장에서 소요되는 시간을 줄일 수 있고 지연을 줄일 수 있다는 점과 원하는 이미지를 구현해 낼 수 있다는 큰 장점이다.

네 번째는 편집 기술이다. 최근에는 '자동 편집 기술' 인공지능이 영상과 오디오를 분석해 자연스럽게 작업을 해 줄 수 있다. 분석을 토대로 편집자에게 다양한 구성 방법을 추천한다. 작품 속에서 감정적 신이 무엇인지, 전환 부분은 어떠한지 등 다양한 포인트를 분석해 적절한 클립을 제공하는 기술을 갖고 있다. 특수 효과도 빠질 수 없는데, 영상에서 필요한 시각 효과와 후속 처리 부분을 자동으로 적용할 수 있고 색상을 보정하는 등 영상을 안정화하며 특수 효과를 삽입할 수 있다. 시스템을 통해 시간을 단축하고 작품의 품질을 더욱 향상할 수 있다. 실제로 어도비 포토샵에서는 자동 배경 선정 기능을 도입해 이미지에 맞는 배경을 인공지능이 생성해 주고 있다. 이뿐만 아니라 다양한 시각 편집 프로그램에서 새로운 기능들을 제시하고 있다. 그렇기에, 인공지능 기술 전문가에 대한 예술 분야가 대두되고 있기도 하다.

이렇듯, 기술을 이해하고 활용하면 영화 제작 분야에서 생산성과 효율성 그리고 창의성을 높일 수 있다. 이제 영화 제작에서는 창의성과 비전이 결합된다. 영화 제작에서 시스템을 얼마나 이해하고 잘 사용하느냐가 관건이 될 것이다. 자신만의 도구로 활용해 새로운 아이디어를 발견하고 표현해, 독특한 스타일로 비전을 실현해야 한다.

참고문헌

임영훈(2024). 인공지능 기반 영화 제작 기술의 현재와 미래. ≪애니메이션연구≫, 20(2), 277-296쪽, 한국애니메이션학회.

전병원(2021). AI 영화영상콘텐츠를 위한 AI 예술 창작 사례연구. 국제문화기술진흥원.

전병원(2023). 인공지능과 영화영상제작: 영화영상제작 도구로서 인공지능의 활용사례를 통해. ≪프리뷰≫, 20(1),

한국디지털영상학회.
전병원(2024). 인공지능(AI) 시네마(Cinema) 연구-도상학, 기호학, 영화기호학 이론을 적용한 인공지능 시네마 창작방법론 연구 필요성. ≪한국예술연구≫, 44호, 53-76쪽, 한국예술종합학교 한국예술연구소, http://dx.doi.org/10.20976/kjas.2024..44.003
정인선(2024). 생성형 인공지능을 이용한 영화 제작과 그 미학적 가능성. ≪프리뷰≫, 21(1), 한국디지털영상학회.
편집부(2024). 애니메이션과 VFX(시각특수효과) 분야의 생성형 AI 도입을 둘러싼 논란과 시사점. ≪디지털 미래와 전략≫, 219호, 40-45쪽, 스트라베이스.

07
AI 촬영

인공지능은 이미지 촬영에서 중요한 역할을 하며 다양한 촬영 환경 조건을 지원한다. 또한 인공지능은 얼굴 인식, 동작 감지 등 보안 카메라에도 활용되어 오경보를 줄이고 보안 효율을 높이고 있다. 우리는 인공지능 기술에 따른 미래의 이미지 촬영 변화를 지켜볼 필요가 있다.

AI와 윤동주?

인공지능과 자연 지능

인공지능에 대해 논의하기 전에 자연 지능에 대해 알아볼 필요가 있다. 인지 과학자들이 이 용어를 이해하는 것처럼, 지능이란 사람이 정보를 인식하고 분석해 요약하고 결론을 내리며 그에 따라 행동할 수 있도록 하는 정신적 특성이다.

또한 인공지능이라는 개념은 '신경망'이라는 용어와 관련이 있다. 기본적으로 신경망은 인간 두뇌의 디지털 모방이다. 신경망 세포(인간 뇌의 뉴런에 해당)는 생물학적 뇌에서와 마찬가지로 시냅스(특정 연결)를 사용해 연결된다. 시냅스는 외부에서 들어오는 신호를 전달하고 처리하는 역할을 한다. 따라서 인공지능은 정보를 인식하고 처리해 결론을 내리고, 그에 따라 행동할 수 있는 비생물학적 시스템이라고 이해할 수 있다. 그렇다면 비생물학적 시스템을 활용한 카메라란 무엇일까?

인공지능이라는 용어는 1956년 최초의 인공 프로그래밍 언어를 만든 존 매카시(John McCarthy)가 처음 사용했으며, 1960년대 이후에는 전 세계적으로 인간의 사고와 유사한 방식으로 사고하도록 훈련하는 작업이 진행되었다. 현재 대부분의 과학계, 기술 기업, 정치 지도자들은 인공지능을 과학 기술 발전의 우선순위 분야로 인식하고 있을 정도이며, 제조, 비즈니스, 엔터테인먼트, 의료, 예술, 판매, 은행, 소셜 미디어 등 거의 모든 분야에서 사용하고 있다. 카메라에도 장치를 심어 구동될 수 있게 했다. 캡처하려는 화면의 이미지를 자동으로 '조정'하고 필터를 적용한다. 대부분은 결과 이미지가 개선되지만, 가끔가다 개선될 수 있으므로 기능을 꺼야 하는 상황이 발생할 수 있다. 일반적으로 스마트폰에서는 시스템이 기본적으로 활성화되어 있고 우리는 앱을 실행하고 사진을 찍기만 하면 된다. 참고로 이제는 이런 기능을 갖춘 DSLR 카메라도 있다.

라즈베리 파이(Raspberry Pi)는 소니 반도체 솔루션과 협력해 2024년 새로운 인공지능 카메라 모듈을 발표한 바 있다. 모든 라즈베이 파이 단일 보드 컴퓨터와 호환이 가능하고, 추가적인 가속기 및 GPU 없이 이미지 처리 기능이 가능하다. 이미지 촬영을 비롯해 인공지능을 처리할 수 있는 프로세서를 가지고 있다. 라즈베리 파이의 인공지능 카메라 모듈은 전력 소비와 대기 시간을 줄여 객체를 실시간으로 감지하며 이미지를 분류하고, 화질을 개선할 수 있는 기능이 있다. 또한 아마추어 프로젝트로 '포이트리 카메라(poetry camera: 촬영을 통해 감성적이고 예술적인 이미지를 창조하는 카메라)'가 사람들의 관심을 받은 바 있다. 사진을 찍는 데 그치는 것이 아니라 생성형 인공지능을 통해 찍은 사진을 바탕으로 시로 만들어 주는 카메라도 등장한 것이다. 기술적으로 보조하는 인공지능 카메라가 아닌, 카메라에 찍힌 이미지를 분석해 하나의 작품인 시로 바꾸어 주는 것이다. 라즈베리 파이에 지피티-4(GPT-4)를 연결해 사진이 아니라 문장을 출력할 수 있도록 했다. 사진이 찍히는 컴퓨터 비전을 통해 시각적 데이터가 들어온다. 그리고 시각적 데이터를 분석해 이미지에 들어 있는 핵심 요소들과 색상 그리고 패턴, 감정과 표정 등을 파악해 지피티가 텍스트인 시로 변환해 주는 것이다. 만들어진 시는 디스플레이에 뜨는 것이 아니라 카메라에 내장된 작은 프린터를 통해 작은 종이로 출력되는 형식이다. 인공지능 모델, 프롬프트 기술, 고급 자연어 처리 등을 통해 포이트리 카메라의 기능이 향상될 수 있도록 할 계획이라고 밝혔다.

인공지능 카메라는 주로 카메라, 스마트폰, CCTV, 드론, 전문 영화 카메라 등 다양한 분야에 활용된다. 사람이 조절해야만 하는 개입의 양을 최소화하고 동시에 품질은 떨어지지 않는 결과를 얻게 한다. 인공지능 카메라는 장면 인식을 통해 촬영 대상과 상황을 자동으로 분석한다. 분석을 통해 최적의 촬영이 가능한 모드를 설정한다. 인물을 촬영한다고 하면, 인물을 인식한 인공지능은 피부 톤을 부드럽게 가꿔 주고 눈이나 코, 입과 같은 얼굴의 여러 부분을 자연스럽게 보정해 준다. 인공지능 카메라에 값을 설정하면 이후에 자동으로 적용한다. 또한 빛이 잘 들어오지 않는 상황이나 다양한 촬영 컨디션에 맞춰 자동으로 감도나 셔터 스피드 등을 조정해 선명한 촬영을 가능하게 한다. 인간의 손으로는 계속해서 움직이는 피사체에 초점을 맞추기가 무척이나 어렵다. 대상이 빠르게 움직이거나 동작의 정도가 많을 경우에는 더 더욱 초점 맞추기가 힘들다. 하지만 인공지능 카메라의 기능을 통해 피사체 추적 및 자동 초점(auto-focus)이 가능하다. 기술을 통해 움직이는 대상을 정확하게 따라갈 수 있다. 특히 스포츠 현장이나 야생 동물을 촬영하는 상황에서 빠르게 사람의 손으로 초점을 맞추지 않고 빠른 피사체의 움직임을 인공지능이 실시간으로 감지해 자동으로 초점을 잡아 줄 수 있다. 인공지능 카메라는 초점이 맞지 않아 NG가 나는 상황을 없애 준다. 재촬영이 불가능한 찰나의 순간 혹은 재촬영의 위기에서 구세주가 될 수 있다. 촬영을 배우고 있는 사람이나 카메라를 이용하는 아마추어들에게 좋은 기능이다. 피사체를 추적하고 자동으로 초점을 맞춰 주는 기능은 보편적으로 초점을 맞추는 부가적인 도구나 기술이 없는 스마트폰이나 드론 촬영에 많이 사용되고 영화나 방송 카메라에서도 자주 사용된다.

인공지능 카메라는 얼굴 인식도 가능하다. 피사체의 얼굴을 감지하고 더 발전된 버전에서는 감정 인식 기능도 제공한다. 피사체가 웃고 있는지 슬퍼하는지 감정 상태를 분석해 이에 맞는 사진 스타일을 적용할 수 있다. 보편적으로 사진 보정에서 많이 사용된다. 노트북 카메라에서는 뷰티 기능으로 웃는 표정을 만들어 주기도 한다. 인공지능 카메라는 촬영하면서 실시간으로 이미지를 분석하고 보정할 수 있는데, 추가적인 후반 편집을 거치지 않아도 고품질의 이미지를 받을 수 있다. 실시간 이미지 처리 및 보정 기능은 사진과 동영상의 품질을 극대화하는 데 핵심이 되는 기술이다. 인공지능이 학습한 데이터와 알고리즘을 기반으로 촬영 현장에 맞는 최적의 설정을 제공한다. 인공지능이 촬영 장면의 조명 상태를 분석해 자동으로 화이트 밸런스(white balance: 주변의 색온도 변화를 감지해 사진이 자연스러운 색을 보이도록 조정하는 일)와 노출을 조정해 적절한 촬영 값에 맞춰주는 기능도 가지고 있다. 화이트 밸런스는 사진이나 영상에서 색상을 정확하게 재현하기 위한 설정으로, 촬영 장면에 존재하는 빛의 색온도를 분석해 자동으로 색감을 알맞게 조정해야 한다. 색온도는 촬영 현장에 따라 수시로 변하기 때문에 계속해서 맞춰 줘야 하지만, 인공지능 카메라를 통해 자동으로 맞출 수 있다. 화이트 밸런스가 잘못되어 있다면 보이는 이미지가 너무 차갑거나 과도하게 따뜻해 보일 수 있다. 적절한 화이트 밸런스를 유지하고자 인공지능은 장면의 광원을 감지해 빛의 색온도를 분석해 그 장면에 맞는 색감을 자동으로 설정한다. 화이트 밸런스를 자동으로 설정해 주는 기능은 영상이나 사진을 촬영할 때 매우 유용하다. 특히나 여러 개의 광원이 섞여 있는 복합적인 부분에서 자동으로 적절한 화이트 밸런스를 조정해 사용자가 별도의 어려움과 설정 없이도 최적의 색상 결과물을 얻을 수 있게 돕는다. 촬영 중에 빛의 조건이 계속해서 변화하는 상황에서도 인공지능은 실시간으로 변화를 감지하여 즉각적으로 조정해, 장면의 색상을 일관되게 유지해 준다. 화이트 밸런스뿐만 아니라 노출값도 적정하게 조정해 준다. 노출(exposure)은 이미지 밝기를 결정하는 중요한 요소다. 노출값이 과도해도, 이미지는 과다 노출로 인해 세밀한 요소가 날아가 버린다. 반대로 노출값이 부족해도 어두워서 디테일을 다 잃어버리게 된다. 인공지능은 자동 노출 조정을 통해 이미지 밝기와 어두운 부분을 균형감 있게 유지해 최적의 노출을 가질 수 있게 한다. 인공지능 카메라는 촬영하는 장면의 밝기와 어둡기의 수준을 실시간으로 분석해, 피사체가 적정한 노출값을 가질 수 있도록 조정한다. 역광 상황에서 피사체가 어두워 보이는 경우에 인공지능은 적절한 밝기로 조정하는 과정을 거친다. 하지만 지나치게 피사체를 밝히려고 하면 배경이 과도하게 밝아지는 화면의 부조화가 나타난다. 인공지능은 배경이 과도하게 밝아지는 것을 방지하는 처리 과정을 거쳐 배경과 피사체 간의 노출을 균형 있게 맞춘다. 더불어 노출을 조정할 때 장면의 색상 분포, 명암 대비, 피사체와 배경의 거리 등을 고려하지 않아도 전체적으로 이미지를 자연스럽게 보이게 한다. 덕분에 인공지능 카메라를 이용하는 사용자는 노출을 수동으로 조정하지 않아도 변화하는 촬영 조건에서 항상 최적화된 결과물을 얻을 수 있다.

인공지능 카메라에는 하이 다이내믹 레인지(high dynamic range: HDR)가 탑재되어 있다. 하이 다이내믹 레인지는 밝은 부분과 어두운 부분을 동시에 처리해 장면의 다이내믹 레인지를 확장하는 기술이다. 이미지에서 가장 밝은 부분과 가장 어두운 부분 사이의 차이를 더욱 풍부하게 표현할 수 있도록 돕는다. 사실 일반적으로 진행되는 촬영에서는 밝은 영역은 지나치게 밝고 어두운 부분은 지나치게 어두워서 문제가 발생하는데, 이런 상황은 역광에서 자주 발생한다. 하이 다이내믹 레인지는 밝기에 대한 문제를 해결하는 데 탁월하다. 하이 다이내믹 레인지는 촬영 중 여러 노출 수준에서 동일한 장면을 동시에 촬영한 후, 합성하여 최적의 이미지를 만들어 낸다. 일반적인 하이 다이내믹 레인지 카메라는 노출값이 다른 여러 장의 사진을 빠르게 찍어 낸다. 어두운 버전과 중간 버전 그리고 밝은 버전의 각각의 사진을 찍고 하나의 이미지로 합쳐 최적의 파트만 뽑는다. 최적의 부분만 추출했기 때문에, 밝은 부분과 어두운 부분 모두 디테일이 살아 있는 균형 잡힌 이미지를 만들어 낼 수 있는 것이다.

높은 동적 범위를 제공해 생생한 이미지를 도출해 내는 하이 다이내믹 레인지 기능을 통해 무엇에 어떻게 활용할 수 있을지 생각해 볼 필요가 있다. 하이 다이내믹 레인지 기술은 극한의 명암 차이가 있는 장면에서 유용하게 쓰인다. 해가 강하게 비치는 날 실내에서 촬영을 진행하는데 창밖이 보이는 순간 창밖의 풍경은 과도하게 밝고 실내는 너무 어둡게 보이는 상황이 연출된다. 이때 인공지능 기반의 하이 다이내믹 레인지를 사용하면 모두 적절한 밝기를 유지하면서도 세부적인 사항이 잘 드러날 수 있게 이미지를 처리하여 제공한다. 야경이나 자연 풍경도 마찬가지다. 야경은 도시의 불빛과 어두운 하늘 간의 명암 차이가 크지만, 하이 다이내믹 레인지를 통해 불빛이 번지거나 하늘이 지나치게 어둡게 나오는 현상을 방지할 수 있다. 자연 풍경에서도 하늘의 밝은 구름의 부분과 어두운 숲속의 모습을 담을 때 사용된다. 기존 하이 다이내믹 레인지 처리 방식은 촬영이 완료된 이후에 후반 작업에서 이루어졌지만, 인공지능을 통해 실시간으로 처리가 가능해졌다. 인공지능이 카메라의 이미지 센서가 촬영한 데이터를 실시간으로 분석함으로써 하이 다이내믹 레인지 효과를 바로 적용해 별도로 사용자가 조정하지 않아도 자동으로 적절한 처리가 이뤄진다.

인공지능의 유형

프로그램에는 개발 수준에 따라 약함, 일반, 강함의 3가지 유형이 있다.

약한 프로그램은 특정 작업을 수행할 수 있고 심지어 인간보다 더 잘 해낼 수 있으며, 특정 방향으로 끊임없이 진화한다. 이것이 바로 우리가 지금 다루고 있는 변형으로, 사진 촬영에 인공지능을 사용하는 방법과 때로는 컴퓨터 비전의 도움을 받는 방법에 관해 말하는 유형이다. 일반 프로그램은 창의적인 성격의 지적 작업에 대처할 수 있다. 시를 쓰거나 예시를 그리는 등의 예술 작품을 만들 수 있고, 어떨 때는 단순히 사용자에게 하루가 어땠는지 물어보고 문제가 있으면 동정심을 표현할 수도 있다. 이러한 기술은 음성 비서에 사용된다.

강력한 프로그램은 어떤 계획의 어떤 작업도 처리할 수 있고 인간보다 더 잘할 수 있다. 따라서 그 자체로 더 높은 수준의 기계를 만들 수 있다. 그다음 단계는 자의식이 있는 강력한 인공지능으로, 강력함 때문에 자칫 잘못하다가 인류 최악의 꿈이 될지도 모른다.

인공지능에 대한 우리의 공통된 이해와 태도가 여전히 필요하다. 어떤 사람들은 단순히 업무를 위한 기술적 도구로, 오락의 대상으로, 인간 존재에 대한 위험 요소로 간주한다. 점차 우리가 원하든 원하지 않든 일상생활에서 점점 더 많은 역할을 하고 있다는 것은 확실하고 이것은 먼 미래가 아니라 바로 지금 여기서 일어나고 있다는 점을 간과할 수 없다.

'인공지능 카메라'가 있다. 인공지능 카메라란, 인공지능을 사용해서 피사체와 촬영 위치를 인공지능이 식별해 카메라 설정을 자동으로 조정하는 기술의 카메라다. 카메라 설정을 자동으로 조정하기 때문에, 카메라의 품질을 향상하는 데 도움을 준다. 예시로, 스마트폰 브랜드의 하나인 오포 에이 15(Oppo A15)를 들 수 있다. 오포 에이 15는 인공지능 카메라 모듈이 풍경과 해변 그리고 푸른 하늘, 녹색, 텍스트 등 다양한 유형의 구도를 인식해 사진을 찍을 수 있도록 도와준다.

인공지능으로 사진을 찍는 방법은 간단하다. 먼저, 카메라 앱을 열고 사진 모드를 선택한 후 아이콘을 눌러 인공지능 모듈이 켜져 있는지 확인한다. 인공지능 모듈이 켜져 있는 것을 확인한 후 피사체를 조준하면 인공지능이 피사체를 인식해 자동 노출을 생성한다. 카메라 앱에서 추천 모드를 비활성화하고자 한다면, 모드 이름 옆에 있는 아이콘 탭을 누르면 된다.

대량의 정보를 계속해서 수신하고 분석하는 인공지능은 어떠한 사진이 가장 만족스러운지 계산할 수 있는 능력이 있다. 그리고 인공지능의 계산을 바탕으로 촬영의 매개 변수를 조정하고 프레임의 편집 소프트웨어에서 후처리를 수행한다. 카메라의 소스에 따라 특정한 인공지능 알고리즘을 적용한 후 만족스러운 결과가 나올 수 있도록 개선하도록 한다. 인공지능을 통해 촬영을 진행하는 데 편리함까지 갖춰 기술을 알아야 하는 문턱을 낮춰 주었다.

인공지능 카메라는 이보다 더 다양한 기술을 구현할 수 있다. 첫 번째는 장면 분석이다. 사진을 찍을 때 인공지능은 가장 먼저 사용자가 촬영하고자 하는 장면과 피사체(풍경, 건축, 인물, 동물 등)를 평가하고 분석한다. 최신 인공지능 카메라 기기는 수십 개의 촬영 장면에 자동 초점을 맞출 수 있으며 다양한 처리 알고리즘을 적용해 조명 조건도 분석한다. 하지만 노출값은 조명의 조건과 상황에 따라 달라지기 때문에 프레임에 들어오는 빛에 따라 조리개 조절을 해야 한다.

두 번째는 색상이다. 사진 속 사물의 색은 프레임에 자연광이 들어오는지 인공광이 들어오는지에 따라 달라진다는 것은 누구나 알고 있는 사실이다. 예를 들어, 정점에 있는 태양은 예시 자에 깊고 검은 틈을 만들어 색이 희미하고 흐릿하게 보인다. 낮의 차갑고 거친 빛, 백열전구의 따뜻한 빛 등 모든 패턴은 사진가가 화이트 밸런스를 수동으로 설정할 때 고려해야 한다. 하지만 고급 인공지능 제어 카메라를 사용하면 사용자가 별도의 '제스처(gesture)'를 취할 필요가 없다. 신경 엔진이 각 숏에 대해 정확한 화이트 밸런스를 조정하고 색상을 조정해 잔디는 더 푸르게, 하늘은 더 파랗게 만들기 때문이다.

세 번째로는 프레임에서 개체 제거하기다. 예를 들어 박물관의 유리나 동물원의 격자를 통해 촬영하고 있어도 오늘날 사진에 사용되는 인공지능은 프레임에서 이러한 요소를 제거할 수도 있다.

네 번째로는 미화다. 이 기능은 인물 사진에서 특히 중요한 역할을 한다. 피부를 매끄럽게 하고, 결점을 제거해 얼굴에 건강한 색을 부여하고, 흐릿함을 없애는 등 실제 미용 절차를 가상으로 수행한다.

다섯 번째로는 야간 사진이다. 먼저, 저조도에서 촬영할 때 인공지능은 기기가 사용자의 손에 있는지 아니면 고정된 표면에 놓여 있는지 평가하고 그에 따라 셔터 속도를 선택한다. 그런 다음 피사체와 조명에 따라 픽셀 단위의 스티칭(stitching: 여러 이미지를 세밀하게 정렬하여 각 픽셀을 기준으로 이미지의 경계를 자연스럽게 맞추는 과정)을 위해 적절한 노출과 프레임 수를 선택한다(또는 오히려 보기 좋은 값을 선택한다). 스티칭 기법은 촬영 기법으로 넓은 부지를 촘촘하게 중첩하여 한 장의 고해상도 사진으로 편집하는 과정을 위한 기능이다. 이 과정이 끝나면 시스템이 촬영된 모든 프레임을 분석해 가능성이 낮은 부분을 걸러 내고 성공한 요소를 모두 병합해 하나의 최종 이미지로 처리한다.

인공지능이 할 수 있는 또 다른 일은 무엇이 있을까? 높은 ISO(international standard organization: 국제 표준 규격) 설정으로 촬영하면 필연적으로 이미지의 인식을 방해하는 작은 색 점인 열 노이즈가 발생하는데, 이때 디테일 수준을 낮추지 않고도 열 노이즈를 제거할 수 있다.

여섯 번째는 안정화다. 알고리즘은 스마트폰의 흔들림 수준을 계산하고 주어진 순간에 동적으로 보정할 수 있다. 따라서 오늘날 프로세서의 뉴로 드라이브(nuro driver: 미국 뉴로사에서 개발한 자율 주행 차량 시스템) 덕분에 광학 줌이나 안정화 기능이 없는 카메라로 촬영할 때도 부드럽고 매끄러운 사진을 얻을 수 있다.

일곱 번째로는 불량 텍스처 교체 기능이다. 빛이 부족한 상황에서 사진을 찍었을 때 프레임의 선명도가 아주 부족하다고 상상해 보자. 이때 인공지능이 등장한다면, 프레임에 묘사된 물체를 분석해 이미지에서 선명하지 않은 부분을 구별하고 데이터베이스에 있는 것으로 대체한다. 스마트폰 카메라로 가까운 거리에 있는 물체를 멋있게 찍기란 쉽지만, 작은 물체를 컴퓨터로 촬영한다면 막막할지도 모른다. 마치 달을 찍는 것처럼 말이다. 이럴 때 데이터베이스에서 적합한 이미지를 선택하고 원본의 일부를 대체해 필요한 부분을 선택할 수 있는 센서 기능으로 크기를 조정한다.

여덟 번째로는 멀티 숏이다. 제조업체마다 모드의 이름이 다른데, 대표적으로 오너(HONOR)의 '멀티 뷰'와 삼성의 '디렉터스 뷰'가 있다. 이름은 달라도 본질은 동일하다. 인공지능 기술 덕분에 스마트폰은 후면과 전면의 두 카메라로 동시에 녹화할 수 있다. 인터뷰 또는 기억에 남는 순간을 담을 때 유용한 기능이다. 이렇듯 '두뇌'를 갖춘 최고의 카메라를 얻을 수 있게 되는 것이다.

촬영 시 인공지능은 프레임을 분석해 최적의 카메라 설정을 찾는다. 분석을 통한 정립이 가능하게 되려면, 수많은 이미지를 학습해 신경 엔진을 '훈련'해야 한다. 신경 엔진은 프레임 안의 사물을 구별하고 조명 조건(빛은 사진 촬영의 주요 변수 중 하나)을 이해하는 방법을 배운다. 궁극적으로 인공지능 지원 사진은 사용자가 모든 것을 책임지는 사진 촬영과 같은 단계를 따르지만, 스마트 카메라의 경우 인공지능 또는 프로세서 뉴로 모듈이 설정과 후속 색상 보정을 조정하며 기기는 머신 러닝을 통해 작동한다. 사용법과 기능에 대한 기술적인 설명을 듣고 나면, 그래픽 결함 없이 아름다운 사진을 찍을 수 있다고 확신할 수 있다. 기능이 탑재된 카메라의 존재는 현재 모든 기기의 유행이자 필수가 되었다. 이것을 본 누군가는 때로는 얼마나 많은 익숙한 모드가 갑자기 '스마트'해졌는지 궁금할 때가 있을지도 모른다.

인공지능의 유용한 기능

인공지능은 실시간 모드에서 얼굴 인식 작업에 효과적이라는 것이 오랜 기간 입증되어 왔으며, 이것이 스마트폰 카메라에 적용되고 있음도 분명하다. 사람들을 도울 수 있는 다양한 작업이 있다.

예를 들어, 보안이 있다. 적용 분야 중에는 일반적으로 이해할 수 있는 보안 카메라도 언급된다. 첫 번째는 이미 언급한 장치의 모든 데이터 처리이고, 두 번째는 사용자의 얼굴을 감지할 수 있는 얼굴 잠금 해제다. '얼굴 감지' 기술은 디지털 이미지(모델)를 지문과 같은 특수 암호화된 메모리 영역에 저장하며 많은 이미지 인식 프로그램이 확실한 사람을 찾거나 추적하는 데 도움을 준다.

인공지능 카메라를 언급할 때, '루미나 네오(Luminar Neo)'를 떠올리지 않을 수 없다. 루미나 네오는 최고의 사진을 찍을 수 있는 인공지능 사진 편집기다. 3D 공간에서 장면을 똑똑하게 재조명하며 클릭 한 번으로 하늘을 교체하거나 전선과 먼지 얼룩 등을 제거할 수 있다. 또한 인물 보정 작업도 수행하는데, 강력한 시스템 덕분에 이 모든 과정이 몇 초도 걸리지 않는다는 장점이 있다.

인공지능을 개발하고 사용하는 것은 인류에게 가장 어렵고 흥미로운 도전 과제 중 하나다. 기술이 가져올 우리의 미래가 어떨지에 관한 의견과 논쟁, 의구심 등 많은 이야기를 나눌 수 있다. 하지만 한 가지 확실하게 말할 수 있는 것은 다양한 방식으로 발전하게 하는 위대한 도전이 될 것이라는 점이다. 카메라에서도 다양한 기능을 자동화하고 개선해 촬영 경험을 향상하도록 한다. 장면 인식과 자동 초점, 얼굴 인식, 후처리 개선과 같은 기능을 지원할 수 있다. 다양한 촬영 환경에 효율적으로 적응해 더 나은 결과물을 얻을 수 있도록 한다.

인공지능을 지원하는 카메라의 가격대는 다양하다. 브랜드, 특정 기능, 스마트폰, DSLR, 보안 카메라 등 종류에 따라 크게 달라진다. 가격이 70만 원대에서부터 고급 기술을 갖춘 전문가용은 수천만 원에 달할 수 있다. 기술이 강화된 보안 카메라는 얼굴 인식, 동작과 이상 감지 등의 고급 기능을 제공하는 경우가 많다. 즉, 나무가 흔들리는 것과 같은 일상적인 움직임과 침입자와 같은 잠재적인 위협을 구분할 수 있어 오경보를 줄이고 보안 효율성을 높일 수 있다. 때문에 기능이 강화된 보안 제품에 투자하는 것이 유리하다.

많은 최신 디지털카메라에는 인공지능 기능이 통합되어 있다. 자동 초점 및 장면 인식과 같은 기본 역할부터 피사체의 움직임을 예측하거나 특정 조명 조건에 맞게 설정을 최적화하는 등의 고급 모드까지 다양하게 탑재되어 있다. 이제는 효율성과 성능을 향상하는 데 필수적인 요소가 되었다. 다양한 카메라가 즐비한 요즘, 자신의 상황에 맞는 기능을 살펴보고 카메라를 현명하게 선택하는 것이 필요하다.

참고문헌

임영훈(2024). 인공지능 기반 영화 제작 기술의 현재와 미래. ≪애니메이션연구≫, 20(2), 277-296쪽, 한국애니메이션학회.

황지온(2023). AI 기술의 패러다임 변화에 대한 이해와 사회적 문제 고찰. ≪교양학연구≫, 10(1), 133-148쪽. 협성대학교 교양학연구소.

08
AI 편집

나에게 맞는 편집 프로그램에는 어떤 것이
있는지 확인해야 효과적인 편집을 할 수 있다.
인공지능을 활용하기 전에 인공지능이 가진
기술을 이해해야 완전한 활용이 가능해진다.
실생활에 도움이 되는 인공지능 기술
프로그램에 대해 알아보자.

AI와 한의학?

인공지능 영상 편집 프로그램 10가지

인공지능은 비디오 분야에서도 간과할 수 없을 정도의 강력한 힘을 가지게 되었다. 전용 인공지능 편집 프로그램에도 강력한 도구가 탑재되어 짧은 시간 안에 좋은 비디오 콘텐츠를 제작할 수 있도록 한다. 편집을 위한 프로그램 10가지를 소개하면 다음과 같다.

첫 번째로는 '모바비 비디오 편집기(Movavi video editor)'다. 이 프로그램은 기존 편집 소프트웨어에 근본적인 변화를 불러온 비선형 인공지능 비디오 편집기다. 기본 작업뿐만 아니라 전문가 수준의 작업도 가능하다. 주요 기능으로는 먼저, 배경 제거가 있다. 동영상의 배경을 자연스럽게 잘라 내어 재편집을 가능하게 한다. 잡음을 제거할 수도 있다. 영상 클립을 편집하면서 원치 않는 사운드를 자동으로 제거할 수 있다. 창의성과 생동감을 살려 구현할 수 있게 하는 효과도 있다. 모바비 비디오 편집기를 사용하면 윈도우, 맥 등에서 유튜브 및 기타 소셜 미디어 플랫폼용 콘텐츠를 쉽게 제작할 수 있다. 사용하기에 직관적이고 배우기 쉬우며 결과물의 품질을 개선하도록 돕는 편리한 성능으로 빠르고 편안하게 사용할 수 있도록 기본 교육을 제공한다. 하지만 용량이 커질수록 렌더링의 속도가 느려진다는 단점이 있으므로, 틱

톡(TikTok), 유튜브 또는 포트폴리오에 관심이 있는 사람 혹은 눈길을 끄는 최신 트렌드를 반영한 콘텐츠를 원하는 사람이 사용하기에 적합하다고 할 수 있다.

두 번째로는 '비메이커 인공지능(Vmaker AI)'이다. 이 프로그램은 로우(raw) 비디오를 분석해 B롤, 인트로 카드, 트랜지션(transition), 애니메이션, 텍스트 효과, 배경 음악, 자막, 스티커 등을 추가한다. 영상을 더욱 완벽하게 미세 조정하도록 편집 스위트 기능도 제공한다. 비메이커는 '사용자의 콘텐츠 제작 시간'을 단축한다는 아이디어를 바탕으로 제작되었다. 애니메이커(Animaker Inc.)의 최고 경영자 알에스 라가반(RS Raghavan)은 "고품질 콘텐츠를 더 빨리 개발한다는 것은 더 속도 있는 성장과 수익을 의미한다. BS(bullshit: 불필요한 것)가 없다"라고 말한다. 프로그램 내에 롱 폼과 숏 폼 동영상과 하이라이트 생성이라는 성능이 있다. 한 번의 클릭으로 긴 동영상을 짧은 콘텐츠로 변환하고 더 나아가 하이라이트를 만들 수도 있다. 또한 35개 이상의 언어로 자막을 자동 생성할 수 있고 100개 이상의 말로 번역할 수 있는 자막 기능이 있다. 스타일 지정뿐만 아니라 텍스트 애니메이션을 추가하는 활동도 도와준다. 정밀한 배경 수정 효과를 볼 수 있으며 바이럴 스타일 라이브러리라는 기능으로 최고의 디지털 크리에이터로부터 영감을 받은 바이럴 스타일의 오픈 라이브러리도 함께 제공한다. 제작 시간을 단축하고 직관적이고 다양한 기능을 포함한 편집 스위트를 누릴 수 있다. 초보자와 전문가 모두가 사용할 수 있도록 만들었다는 장점도 있다. 하지만 무료 버전은 비디오에 워터마크를 추가하고 있으니, 참고하는 것이 좋다.

세 번째로는 '픽토리(Pictory)'다. 오늘날 사람들의 시선을 사로잡기 위해서는 숏 폼 콘텐츠가 필요하지만, 만드는 동안 골머리를 앓는 경우가 허다하다. 하지만 픽토리를 사용하면 대신하여 작업을 진행해 준다. 모든 스크립트나 롱 폼 동영상을 숏 폼 콘텐츠로 간편하게 변환해 준다. 인공지능 편집 도구를 사용하면 자동으로 장면들을 추출해 소셜 미디어 앱에 맞는 스타일로 준비해 준다. 또한 세일즈 레터(sales letter: 제품이나 서비스를 홍보하고 구매를 유도하기 위해 작성된 마케팅용 편지 또는 이메일)를 받아도 직접 제작할 필요 없이 스크립터를 올리기만 하면 된다. 인공지능이 텍스트를 음악, 스톡 영상(stock video: 다양한 용도로 사용할 수 있도록 미리 촬영된 영상 클립), 보이스오버(voice-over: 영상, 애니메이션, 다큐멘터리, 광고 등에서 화면에 등장하는 인물이 아닌 다른 화자의 목소리를 삽입하는 기법) 등의 완성된 비디오 세일즈 레터로 변환해 준다. 그리고 정확하게 자동으로 모든 동영상에 캡션을 추가해 준다. 즉, 쉽게 자동으로 숏 폼을 생성해 주고 동영상 세일즈 레터에 대한 추가 액세스(access: 어떤 장소, 정보, 시스템 등에 접근하거나 이용할 수 있는 권한 또는 능력)를 제공하므로 비디오 크리에이터, 코치, 블로거, 소셜 미디어 에이전시 등에게 대단히 유용하다. 하지만 보이스오버 기능이 제한되어 있고, 오디오를 제외한 자막만 삽입 가능하다는 점, 사용자 지정과 소프트웨어의 호환성이 제한되어 있다는 점 등 단점도 있다. 픽토리는 오늘날의 마켓 플레이스에 맞는 콘텐츠를 제작하기 위해 간단하고 똑똑한 도구를 원하는 오퍼 소유자, 블로거 소셜 미디어 에이전시 등에게 추천한다.

네 번째로는 '뮤즈 인공지능(Muse.AI)'이다. 뮤즈 인공지능은 비디오 플레이어에서 속도와 임베드(embed) 기능 및 동적 검색에서 탁월한 효과를 보여 준다. 임베드란 인터넷에서 다른 사이트의 내용을 그대로 가져와서 보여 주는 기능이다. 뮤즈 인공지능은 코딩 없이도 임베드가 가능하고 영상에서 강조하고자 한 텍스트 혹은 이미지, 사람 등을 검색할 수 있게 한다. 또한 아이오에스

(IOS: 아이폰 전용 애플의 독자 운영 체제), 안드로이드(Android) 등에서 강한 HTML5(웹 문서를 만들기 위한 최신 HTML의 다섯 번째 버전)의 스트리밍 환경을 제공하며 낮았던 성능에서 벗어났다. 뮤즈 인공지능은 이제 스트리밍에 버퍼링이 없이 좋은 품질을 간편하게 탐색할 수 있는 다용도성을 가지고 있다. 그러나 일부 웹사이트에서는 임베딩에 문제가 발생하기도 했으며 무료 버전이 없어, 가격이 있는 월간 옵션을 구매해 사용해야 한다는 단점도 있다.

다섯 번째는 '히포 비디오 인공지능 에디터(Hippo Video's AI Editor)'다. 히포 비디오는 동영상을 문서와 같은 텍스트 기반의 편집 환경으로 간단하게 만들어 준다. 자동으로 자막을 삽입하거나 추임새를 제거하고, 동시에 관심을 끌 수 있는 다양한 요소, 즉 타이틀, 로어 서드(lower third: 영상이나 방송 화면의 하단 1/3 부분에 삽입되는 그래픽 요소), 막간 및 트랜지션을 개선한다. 또한 스크립트에서 원하는 콘텐츠를 선택 · 요약해 하이라이트를 생성 혹은 사용자 지정을 도와주며, 동영상 챕터를 작게 분할해 주는 기능도 있다. 히포 비디오의 기능들은 과거에 편집 기능이 없는 이들도 비교적 쉽게 사용할 수 있도록 새롭고 간편하게 텍스트 기반의 편집 환경을 제공한다. 기존에 동영상 편집에서 어려움을 겪었던 문제들을 해소할 수 있게 해 주는 것이다. 이러한 장점에도 히포 비디오는 독립형 기능으로 사용이 어려워 다른 기능들과 함께 패키지로 사용해야 한다. 그렇지만 초보자부터 전문가까지 빠르게 비디오를 완성할 수 있어 시간을 절약한다는 점에서는 이상적인 편집 프로그램이다.

여섯 번째는 '신시시아(Synthesia)'라는 프로그램이다. 신시시아는 낮은 비용으로 인공지능 자동화와 수십 개의 아바타 그리고 템플릿, 120개 이상의 언어가 통합되어 있다. 또한 프레임을 촬영하지 않아도 강력한 인공지능 보이스오버와 아바타로 비디오를 전문가 수준으로 만들 수 있다. 신시시아는 니즈(needs)와 관계가 없다. 니즈에 상관없이 사용자 지정이 가능한 전문적 템플릿을 가지고 있으며 고해상도의 부드러운 화면 녹화를 제공한다. 즉, 다양한 아바타와 톤 및 언어 선택이 가능하고 전문가급의 템플릿 및 오버레이(overlay: 기존의 화면, 이미지, 영상 등에 추가적으로 덧씌워지는 그래픽 요소나 레이어)와 무료 교육 자료를 가지고 있다는 장점이 있다. 하지만 제한된 인공지능 보이스오버 및 오디오 동기화 기능과 API 액세스(application programming interface access: 특정 소프트웨어, 서비스, 또는 시스템이 제공하는 기능이나 데이터를 외부에서 사용할 수 있도록 허용하는 접근 권한)가 부족하며 전문 동영상보다는 비교적 제한적이라는 단점이 있다.

일곱 번째는 '와이즈컷(Wisecut)'이다. 동영상 자르기와 같은 콘텐츠 편집의 시간을 소모하지 않고 스마트 인공지능 편집 프로그램이 대신 작업한다. 와이즈컷은 롱폼을 숏 폼으로 편집해 주며, 사운드 부분에서 어색한 침묵의 순간을 펀치 인 · 아웃(punch in & punch out: 녹음할 때 특정 구간만 자동으로 녹음이 시작되거나 멈추는 기능)을 통해 조정해 주는 기능이 있다. 또한 자동 자막과 번역 기능으로 필요한 부분에 해당하는 캡션을 추가할 수 있다. 특별히 만질 필요 없이 무음을 제거하고 더킹하며 사운드 부분에서 펀치 인 · 아웃을 할 수 있다는 점이 장점이다. 하지만 비디오 내보내기가 제한되어 있고 업로드와 다운로드 속도가 느리며 아직까지는 4K 해상도 지원이 안 된다는 단점이 있다.

여덟 번째는 '비메오 비디오 에디터(Vimeo Video Editor)'다. 비메오는 업계에서 강자로 꼽힌다. 간단하면서 결과물은 간단하지 않은 전문적인 영상을 뽑아낸다. IOS, 안드로이드 및 데스크톱용으로 설계된 수십 개의 템플릿 중에서 선택하여 간편하게 사용할 수 있으며 사진을 동영상으로 변환해 주는 기능이 있다. 또한 오버레이, 효과, 스티커 등의 편집 소프트웨어는 이런 기능뿐만 아니라 기타 부분들까지 동영상에 추가할 수 있다. 즉, 간단하고 직관적인 사용이 가능하고 전문적인 결과물을 보장하면서도 저렴한 하위 계층(기본적인 기능을 제공하는 저렴한 버전 또는 요금제)이 있다는 점에서 강점을 가진다. 하지만 제한되어 있는 인공지능 기능과 사용자 지정 기능뿐만 아니라 상위 계층(전문적이고 고급 기능을 제공하는 고가의 버전 또는 요금제)은 높은 가격을 지니고 있다는 점이 단점이다.

아홉 번째는 '디스크립트(Descript)' 프로그램이다. 자동 자막 삽입으로 유명하며 디스크립트의 인공지능 소프트웨어는 자막 삽입과 편집 그리고 더빙 등의 방법에 능하다. 주요 기능으로는 스튜디오 사운드가 있다. 직접 제작한 녹음을 스튜디오급의 사운드로 변환해 주고 모든 추임새를 제거해 콘텐츠를 더욱 명확하게 할 뿐만 아니라 사용자의 음성을 재현할 수 있어 콘텐츠에 오버 더빙이 가능하다. 사용자가 친화적인 인터페이스를 경험할 수 있으며 매끄러운 자동 자막 삽입과 강력한 편집 도구를 가지고 있다는 장점이 있다. 하지만 자막 삽입의 오류가 있고 무료 버전은 성능이 제한적이다. 그리고 일부 인공지능 오디오 다듬기에는 실제 사용자의 편집이 필요하다는 단점이 있다.

마지막으로는 '글리아 클라우드(GliaCloud)' 프로그램이다. 글리아 클라우드는 비디오 콘텐츠를 그 어느 때보다 쉽게 제작할 수 있도록 하는 하나의 목표를 가지고 있다. 쉽게 만들 수 있도록 인공지능 기술로 자동화해 영상을 만드는 속도를 가속화하여 완성한다. 인공지능 보이스오버를 높은 비용 없이 사용할 수 있고 수십 개의 자동화된 음성 속 하나를 통합해 동영상에 깊이감을 더해준다. 또한 자동 텍스트를 요약하는 기능이 있어 긴 스크립트를 다듬어 신속한 업로드가 가능하게 하고 프로그램의 도구와 소프트웨어를 사용해서 긴 동영상을 매력적인 동영상으로 변환해 준다. 즉, 간단하고 직관적인 사용이 가능하며 유연한 API를 지원한다. 맞춤형 결제 구조가 있지만 몇몇 기능이 제한되어 있고 무료 버전이 없으며 자막 삽입에 오류가 있다는 단점이 있다. 최소한의 비용을 가지고 많은 양의 콘텐츠를 지속적으로 제작하는 기업이나 콘텐츠 크리에이터에게 적합하다.

인공지능 기술의 이해

인공지능은 기술의 발전으로 단순 효율성만을 추구하는 반복 작업이나 자동화 등을 넘어 인간만이 가지고 있던 능력도 따라잡고 있다. 인공지능을 전통적인 기술로 치부해서는 안 된다. 영화와 영상 제작 전 단계뿐만 아니라 예술적인 부분에서 인공지능은 창작자의 가장 든든한 조수가 될 것이다. 나아가 어떤 특정 역할을 인공지능이 대신할 수 있는 지경에까지 이르렀다. 우리가 영화를 제작하면서 익숙하게 경험했던 이전의 방법에서 벗어나 새로운 혁신의 세상에 눈을 떠야 한다. 인공지능이 어떤 부분에 이점이 있고, 어떤 부분에서는 문제점과 우려를 시사하고 있는지 충분히 이해하고 인공지능을 피하기보다 변화를 이용해 나의 작품에 효율적으로 적용할 줄 알아야 한다. 인공지능과 떨어진 채로 우물 안 개구리와 같은 삶을 살았다면, 이제는 그곳에서 나와 세상을 이용하는 사람이 되어야 한다. 인공지능에 대한 이해를 바탕으로 적극적인 움직임을 보인다면 영화 산업 전체의 발전에 크게 이바지할 수 있을 것이라 본다.

영화의 초반부터 잘 생각해 보면, 뤼미에르(Lumière) 형제의 〈열차의 도착〉(1895)도 사람들에게 실제 열차가 튀어나온다는 착각을 줄 정도로 충격적인 기술력을 선사했다. 또한 소리가 없는 무성 영화에서 유성 영화로 변화한 부분, 흑백 영화에서 여러 색깔이 등장한 컬러 영화로 변화한 부분 역시 영화사가 그동안 보여 준 기술의 변화를 나타낸다. 지금까지의 영화사를 보면 예술이 순수하게 예술과 창의력 하나로만 발전하지 않았다는 것을 알 수 있다. 영화를 비롯한 예술은 기술과의 결합과 발전을 통해 완성된다는 것을 간과하지 말아야 한다. 지금 우리는 하나의 영화 역사를 만들어 가는 중일지도 모른다. 인공지능의 기술력과 예술의 도입이 낯설게 느껴지고 아직은 불완전하다고 해서 변화를 무시할 것이 아니라 역사적인 영화 산업의 흐름에 함께하고 있음을 깨달아야 한다는 것이다. 인공지능 기술이 영화와 예술에 도입된 것은 지극히 자연스러운 발전의 한 획이다.

사실 영화나 게임 분야에서만 인공지능을 경험할 수 있는 건 아니다. 발전의 한 흐름에 자연스럽게 함께하고 있다는 것은, 우리 일상생활 속에도 인공지능이 가깝게 존재한다는 것이기도 하다. 유튜브의 기능만 봐도 인공지능이 함께하고 있음을 알 수 있다. 일명 알고리즘이라는 말을 많이 들어 봤을 것이다. 사용자가 자주 보는 영상을 분석해 개인의 취향을 맞춰 추천해 주는 것이다. 이런 추천 알고리즘 시스템은 사용자의 취향에 맞는 콘텐츠를 제공해 쉽게 원하는 영상에 도달할 수 있다는 장점이 있지만, 자칫 새로운 콘텐츠에는 도달할 수 없을 뿐만 아니라 알고리즘이 흘려주는 대로 영상을 소비하는 고립된 인터넷 환경을 만든다는 단점도 있다. 비단 '유튜브'뿐만이 아니다. SNS 플랫폼인 인스타그램의 돋보기라는 기능에도 알고리즘이 적용되어 비슷한 콘텐츠를 공유하면 계속 관련된 게시물을 돋보기에 도배하는 경우가 허다하다. 간단히 현 일상에도 인공지능이 어떻게 적용되고 있는지 확인해 보아도 다양하게 활용되고 있음을 알 수 있다.

본격적으로 인공지능을 이해하기 전에 인공지능이 가진 개념을 알 필요가 있다. 학문적 접근 없이 기술에 접근하는 것보다 기반을 다지고 정확히 이해하는 것이 중요하다. 인공지능은 인간이 가지고 있는 여러 기술을 닮은 컴퓨터 프로그램이라고 이해하면 된다. 컴퓨터 프로그램을 인간과 유사하게 만들었으므로 학습, 추론, 지각, 자연 언어 이해와 같은 능력이 있다. 머신 러닝을 통해 데이터를 분석 · 학습하고 추출한 결과물로 판단과 예측까지 한다. 딥 러닝은 뇌신경과 비슷한 구조로 입력과 출력을 바탕으로 판단 · 예측을 한다. 최근에는 기존 신경망의 한계를 극복하고 하드웨어의 발전 등이 받쳐 주며 딥 러닝의 기술이 빛을 받기 시작했다. 챗지피티, 소라(Sora) 등 텍스트와 이미지 그리고 영상까지 다양한 분야에 인공지능이 활용되고 있다. 그리고 이런 흐름은 더욱 발전을 거듭해 갈 것이다.

영상에서 인공지능 기술은 예전 수작업으로 진행되던 CG(컴퓨터 그래픽스) 작업을 컴퓨터로 쉽게 처리할 수 있게 한다. 이전과 비교해 난이도가 확연히 낮아졌지만 현실과 다를 것이 없는 품질을 보여 주며 영상 분야의 발전을 이끌었다. 2019년 코로나19 이후 영화 시장은 큰 어려움을 겪었다. 당시 OTT(over-the-top media service) 서비스가 활발히 대체되는 상황에서 영화 종사자들에게는 '영화 제작비 절감'도 큰 도전 과제로 자리 잡았다. 때문에 자동화와 효율성을 가진 인공지능 기술을 적극적으로 도입해 제작비 절감에 힘쓰는 움직임도 보인다. 인공지능 기술은 영화 제작의 프리 단계부터 포스트 단계까지 어렵거나 번거로운 부분을 어느 정도 해소해 줄 수 있기 때문이다. 인공지능의 발전을 영화 분야에 도입하기 위해서는 관계자들이 고려해야 할 사항이 크게 2가지가 있다. 첫 번째는 인공지능이 무조건 영화 제작의 문제점을 해결해 주지는 않으며 영상 제작의 전 단계를 인공지능이 대신할 수 없다는 점이다. 주체는 영화 제작

관계자이고 인공지능은 보조적으로 도움을 주는 존재임을 잊지 말아야 한다. 전통적인 방법으로는 알 수도, 할 수도 없던 새로운 기능을 채워 주는 '보조적인 장치'임을 간과해서는 안 된다. 게다가 인공지능이 주는 결과물이 최종 결과물이 될 수는 없다.

두 번째는 인공지능에 제공하는 학습 데이터의 품질 확보다. 인공지능은 기본적으로 인간의 경험과 지식 등으로 학습하는 시스템이다. 즉, 학습을 위해 제공된 데이터의 품질이 저하되거나 신뢰성이 떨어진다면 분명히 도출되는 결과물도 그에 상응할 것이다. 고품질의 데이터 확보는 현재도 해결하지 못한 하나의 문제점이다. 이런 문제에 맞춰 기술을 위한 협력의 개발 생태계를 구성하고자 하는 움직임도 보인다.

인공지능이 아직 불안정함을 인정하고, 신중히 적절한 곳에 사용한다면 제작을 도와주는 기술로써 적극적 활용이 가능해진다. 인공지능을 통해 영상 제작 과정이 간소화되면서도 세밀해질 것이다. 그리고 정체된 좁은 시야에서 벗어나 새로움을 추구할 수 있도록 인공지능이 도와줄 수 있다. 보다 효율적으로 영화 촬영과 예술 활동을 할 수 있도록 인공지능은 콘텐츠 산업에서 활약할 것이다.

인공지능도 창의성과 예술적 비전이 있다. 단순하게 무언가를 분석하고 자동화하는 것만이 아니다. 인공지능 기술은 기본적으로 인간에 의해 만들어지고 사람의 삶의 방식을 토대로 보충을 해 주기에 영상이 더 매력적으로 느끼도록 예술적 부분을 조정한다. 인공지능은 영화 마케팅 및 배급, 관객 피드백 분석과 테스트 상영 과정에서도 자동화를 통한 효율성을 도모한다. 인공지능을 통해 더 빠르고 정확하게 의사 결정을 할 수 있게 한다. 인공지능 기술은 소셜 미디어 분석을 통해 목표 대상 중심 마케팅을 시행할 수 있게 한다. 소셜 미디어 데이터를 분석해 관객의 관심사와 성향을 파악하고 다양한 채널에서의 반응을 실시간으로 분석한다. '좋아요' 수와 댓글 내용, 공유 횟수 등을 통해 어떤 장면이 가장 많이 언급되었고 관객들이 어떤 감정적 반응을 하는지 파악한다. 그리고 이 정보를 통해 맞춤형 마케팅 캠페인을 자동으로 제안한다. 인공지능이 분석을 통해 특정 타깃층에서 관심을 보이는 것으로 판단하면, 해당 타깃층을 바탕으로 그들이 자주 방문하는 플랫폼에 광고를 집중 배치할 수 있게 한다. 혹은 예고편에서 가장 많이 본 장면이나, 가장 반응이 좋은 장면을 강조해 새로운 버전의 홍보 영상을 제작할 수도 있다. 인공지능이 영화 예고편까지 제작하는 사례도 있다. 아이비엠(IBM)을 이용해 제작한 영화 〈모건〉(2016)의 예고편이 유튜브에 올라오기도 했다. 영화의 전체적인 분위기와 이야기를 인공지능이 분석하고, 중요 장면들을 뽑아 하나의 상업 영화 예고편을 만들어 낸 것이다. 영화 속 주인공의 잔잔한 감정과 고조되는 감정을 파악해 하나의 완성도 있는 편집을 완성했다. 예고편 제작을 수작업으로 했던 과거와는 다르게, 이제는 인공지능이 영화 속 중요한 장면을 식별하고 특정 목표 관객에게 어필할 수 있는 예고편을 자동으로 제작한다. 인공지능을 통해 다양한 버전의 예고편을 쉽게 만들어 테스트할 기회를 제공하거나 특정 집단을 대상으로 맞춤형 마케팅을 가능하게 한다. 그리고 과거의 영화 흥행 데이터와 해당 지역의 관객 성향, 시즌마다 영화 관람이 어떤 양상을 나타내는지 등을 예측해 영화 배급이 원활하게 이뤄지도록 한다. 인공지능이 영화 흥행 가능성이 더 높은 지역을 계산해 주면, 영화 배급사는 우선적으로 그 지역을 목표로 공략할 수 있다. 지역마다 흥행에 성공한 데이터를 토대로 현지 시장에 맞는 개봉 시점을 제안해 마케팅 예산을 효율적으로 사용할 수도 있다. 또한 장르별로 어느 시점에 표가 가장 많이 팔렸는지 파악하여, 개봉일 전후로 효과가 있었던 프로모션을 기획하고 상영관 수를 결정하기도 한다. 관객들의 반응과 마케팅 전략을 예측해 홍보 효과를 볼 수 있도록 인공지능이 맞춤형 마케팅 전략을 자동으로 수립해 준다. 마케팅 비용을 줄이면서 효과적으로 마케팅에 성공할 수 있게 하는 것이다. 이렇듯 인공지능은 새로운 가능성을 제시한다.

결론적으로, 우리는 인공지능을 더 잘 활용하기 위해 전반적인 이해와 관심이 필요하다. 인공지능은 많은 곳에서 사용하며 생각보다 다양한 기능을 제공한다. 영상을 제작할 때 더욱 효율적인 방법을 통해 시간과 돈과 체력을 적절히 분배할 수 있다. 자신의 파트에 맞는 인공지능 기술을 찾아보고 활용하여 똑똑한 영상 작업자가 될 수 있는 길로 들어서는 것이 중요하다. 앞으로 영화를 비롯한 영상 산업과 콘텐츠 제작 현장에서 인공지능은 필수적인 요소가 되었다. 인공지능은 단순한 기술로 활용되는 도구의 가치를 넘어, 영상 제작 과정에서 변혁을 일으키고 있다. 이것을 제대로 이해하고 활용하면 영상 제작자들은 효율성 극대화와 작업 자동화, 창작 과정의 혁신과 창의성 증대 등 여러 면에서 이득을 얻을 수 있다.

참고문헌

강지영(2024). AI 기반 VFX 소프트웨어의 혁신: 영화 제작의 새로운 시대. ≪한국디지털콘텐츠학회논문지≫, 25(8), 2239-2250쪽, 한국디지털콘텐츠학회.

김희영(2018). 예술에서 살펴본 인공지능의 미래 산업화 가능성 – 영화와 인공지능 예술을 중심으로. ≪만화애니메이션연구≫, no.50, 423-452쪽, 한국만화애니메이션학회.

임영훈(2024). 인공지능 기반 영화 제작 기술의 현재와 미래. ≪애니메이션연구≫, 20(2), 277-296쪽, 한국애니메이션학회.

전병원(2023). 인공지능과 영화영상제작: 영화영상제작 도구로서 인공지능의 활용사례를 통해. ≪프리뷰≫, 20(1), 한국디지털영상학회.

전병원(2024). 인공지능(AI) 시네마(Cinema) 연구-도상학, 기호학, 영화기호학 이론을 적용한 인공지능 시네마 창작방법론 연구 필요성. ≪한국예술연구≫, 44호, 53-76쪽, 한국예술종합학교 한국예술연구소, http://dx.doi.org/10.20976/kjas.2024..44.003

정인선(2024). 생성형 인공지능을 이용한 영화 제작과 그 미학적 가능성. ≪프리뷰≫, 21(1), 한국디지털영상학회.

제리킴(2025. 3. 9). 초보자를 위한 DAW Cubase – 자주 사용되는 몇 가지 영어 용어, https://blog.naver.com/jerrykimpiano/223790066572

황지온(2023). AI 기술의 패러다임 변화에 대한 이해와 사회적 문제 고찰. ≪교양학연구≫, 10(1), 133-148쪽. 협성대학교 교양학연구소.

09
AI와 VFX

인공지능 기술은 VFX에 활용되어, 작업 시간과 비용을 절감하고 창의성을 높인다. 기술 안에는 성숙도에 따라 단계별로 프로그램 난이도가 다르다. 그리고 정도에 따라 사용할 수 있는 범위와 정도 역시 차이가 있다. 인공지능이 VFX로 다양하게 활용되면서 윤리적 문제를 일으킬 수 있다. 어떻게 기술을 사용하고 소비해야 하는지 알아보자.

AI와 화장품?

인공지능과 VFX

VFX는 비주얼 이펙트(visual effect)의 약자로 영상 속 시각적 이미지를 다채롭게 제공하는 그래픽 기술이다. 그래픽 기술이 영상 산업에 점차 적용되면서 다양한 콘텐츠가 생성되기 시작했고, 오늘날 인공지능이 활성화되고, VFX 및 영상 산업에도 큰 변화가 일어났다. 이러한 흐름은 영상 업계에 큰 패러다임의 변화를 불러왔다.

인공지능 기술을 성숙도 측면에서 약한 인공지능(artificial narrow intelligence: ANI, weak AI), 강한 인공지능(artificial general intelligence: AGI, strong AI), 초인공지능(artificial super intelligence: ASI, super AI)의 3가지로 구분하여 설명한다. 먼저 약한 인공지능은 특정한 영역에서 매우 뛰어난 성능을 보인다. 구글의 알파고(AlphaGo)와 애플의 시리(Siri)가 그 예시다. 알파고는 바둑 기사 '이세돌'과의 대국에서 4 : 1의 승리를 거둔 인공지능이고, 시리는 대화체를 이용해 음성 인식은 물론 질의응답을 수행하는 기술이다.

둘째, 강한 인공지능은 일반적인 인간과 같은 사고를 하고, 행동으로 옮기는 기능을 가지고 있다. 현재 우리가 쓰고 있는 인공지능이 여기에 속한다. 큰 특징으로는 일반적으로 사람과 같은 생각과 행동이 가능하다는 점이다. 이론상 인간이 할 수 있는 것은 모두 할 수 있다.

마지막으로, 초인공지능은 인간의 사고나 행동 능력을 초월한 시스템이다. 현재는 아직 실현되지 않은 채, SF 영화의 장면이나 전문가의 미래 가상론에만 존재한다. 〈터미네이터: 제니시스〉(2015)에서의 '스카이넷'이 가장 이해하기 쉬운 예다. 영화에서는 주로 암울한 인류의 미래 가상론을 펼치며 기술이 초인공지능 시대로 넘어갈 것으로 예상한다. 하지만 기술이 따라와도 윤리적인 문제가 해결되기 전까지는 미래 시대는 먼 이야기일 수도 있다. 그러나 인간 불가능의 영역에 도달하며 새로운 시대가 도래할 것처럼 보인다.

한편으로는 발전하는 인공지능이 부정적인 결과를 초래할 것이라고 주장하기도 한다. 비록 4차 산업 혁명의 새로운 동력이고 새로운 시대를 여는 첫 시작이지만, 그만큼 인류의 존재 목적 자체를 파괴하는 위험한 기술이기도 하기 때문이다. 따라서 기술의 사용에 따른 윤리 문제에 대한 규범이 이루어져야 할 것이다. 특히나 예술, 창작 분야에서 그 기준이 명확해야 할 것으로 보인다. 현재 문화 산업이 점차 발전하고 그 이용도가 증가하고 있지만 인공지능이 2차 창작에 사용되는 것을 우리는 신중히 고려해 봐야 한다. 저작권은 예술과 창작, 과학 분야와 특히 밀접한 관계에 있기 때문이다. 헌법 제22조 제2항에 "저작자, 발명가, 과학 기술자와 예술가의 권리는 법률로써 보호한다"라고 규정하고 있는 것만 봐도 알 수 있다.

인공지능의 창작물 관련 문제는 2023년 일어난 사례에서 잘 드러난다. 네이버 플랫폼의 웹툰 도전 만화 부분에서 작가들이 인공지능에 대해 보이콧을 벌였다. 인공지능을 사용한 작품 제작이 원작자들의 스타일을 모방한다는 것이며, 이는 권리 침해 및 창의성 하락에 이바지한다는 것이다. 인공지능의 학습은 다른 웹툰 작가들의 예시를 가지고 와서 무단으로 사용하게 할 수 있음을 지적했다. 그렇게 되면 창작자의 지적 재산을 침해하는 윤리적 문제가 발생한다. 또한 인공지능은 비슷한 품질의 콘텐츠와 작품을 대량으로 그리고 빠르게 만들어 낼 수 있어서 산업의 품질 양극화와 품질 저하 현상을 불러올 수 있다는 우려다. 사실 웹툰 부분에서만 인공지능 관련 문제가 발생하는 것은 아니다. 인공지능이 다른 창작자의 창작물을 모방할 수 있다는 것은 문화 산업 전반에서도 큰 문제가 된다. 하지만 현재는 창작자의 창작물을 학습한 인공지능이 2차 창작물을 만들어 낸 것에 대해 특별히 법적 제한을 두고 있지 않다. 따라서 관련 법을 새로이 구축하거나 강화할 필요가 있다. 기술 발전이 가져올 미래에 발생할 수 있는 모든 가능한 문제를 생각하고 그에 발맞춰 교육과 문화 시장을 운영해 나가야 한다. 인공지능과 함께하고 있는 우리는 철저한 교육을 받고, 건강한 문화적 산업을 영위할 수 있도록 적절한 선을 마련해야 한다.

반면 인공지능 기술을 통해 더 편리하고 체계화된 예술 활동을 할 수도 있다. 인공지능 시스템을 디지털 이미지, 캐릭터, 애니메이션, 환경 모델링, 특수 효과 제작 등 다양한 작업에 적용할 수 있다. 이미 가능성을 봐 온 만큼, 예술계에서도 시스템과의 다양한 접촉이 시도되었다. 먼저 미술 분야의 사례다. 2016년 구글에서는 인간과 인공지능이 공동 작업한 미술 작품 전시회 딥 드림(Deep Dream)을 진행했다. 여기서 '딥 드림'은 컴퓨터 프로그램으로, 합성곱 신경망(convolutional neural network: CNN)의 알고리즘을 통해 제시된 이미지의 패턴을 인식해 환각적이고 과도하게 꿈을 연상시키는 이미지를 만드는 기술이다. 이 '딥 드림' 전시회에서는 총 29점의 작품을 판매하는 결과를 얻었으며, 앞으로 인공지능 활용에 대한 새로운 가능성을 보여 주었다.

또한 2022년 미국 샌프란시스코에서는 이미지 생성

프로그램인 '달리(Dall-e)'를 이용한 작품 전시회를 개최했다. '달리'는 텍스트를 입력하면 그에 따른 디지털 이미지를 고해상도로 생성해 준다. 총 8명의 아티스트가 14점의 작품을 전시했고, 2016년에 개최한 행사와 달리 제시된 이미지 없이도 생성할 수 있다는 점에서 큰 이슈를 만들어 냈다. 레픽 아나돌(Refik anadol)의 '기계 환각 자연의 꿈 연구 1(Machine Hallucinations Nature Dreams Study 1)'이라는 미디어 아트 작품은 대체 불가능 토큰(non-fungible token: NFT) 7만5000달러(약 1억 638만 원)로 판매 가격을 책정해 두어 더욱 큰 주목을 받았다. 디지털 아트 작가로 활동하는 아나돌은 이 외에도 '비트폼스(bitforms)' 갤러리에 소속되어 기술을 활용한 다양한 작품 활동을 이어 오고 있다.

음악 분야에서도 인공지능의 가능성이 조금씩 열리고 있다. 한 사례를 들자면, 2016년 개발의 선두인 구글에서 진행한 일명 '마젠타 프로젝트(Magenta project)'다. 마젠타 프로젝트에서는 80초짜리 피아노 연주곡을 인공지능이 작곡하도록 했다. 같은 해 소니(Sony)는 '플로 머신즈(Flow Machines)'라는 작곡 프로젝트를 제시했으며, 〈대디스 카(Daddy's Car)〉, 〈미스터 섀도(Mr Shadow)〉라는 곡을 유튜브를 통해 발표했다.

인공지능은 작곡 영역에만 가능성이 있는 것이 아니다. 세상에서 사라진 것들에 대한 '복구 능력'을 보여 줌으로써 인간과의 공존 가능성을 제시했다. 2019년 야마하에서는 '보컬로이드 인공지능' 기술을 이용해, 30년 전 사망한 일본 여가수 미소라 히바리(1937~1989)의 목소리를 복구해 2019년 〈NHK 홍백가합전〉에서 공개했다. 2000년대 많은 히트곡을 남기고 떠난 거북이의 터틀맨의 목소리를 복원한 우리나라 사례도 있다.

2020년 엠넷에서 방영한 〈AI 음악 프로젝트, 다시 한 번〉은 '죽은 사람을 다시 무대에서 볼 수 있을까?'라는 질문과 함께 시작한 도전적인 프로젝트이며, 두 명의 인물(터틀맨, 김현식)로 구성되었다. 이 방송 프로젝트의 유튜브 조회 수는 1256만 회(2024년 5월 기준)에 달했다. 생전에 남긴 각종 오디오와 사진, 영상 자료를 이용해 인물을 복원했으며, 증강 현실(AR)을 이용한 홀로그램을 통해 무대 위 공연을 기획한 것이다. 이처럼 복원 능력은 인간과 시스템이 공존할 새로운 가능성으로 제시되었다.

VFX는 인공지능에 어떻게 적용될까? VFX는 디지털 시각 효과로, 적용되는 콘텐츠와 분야가 다양하다. 특히 영화계에서 활성화되어 있는데, 가상의 공간을 현실처럼 담아야 관객의 몰입을 끌어올릴 수 있어서 더욱더 기술의 활용도가 높다. 인공지능이 활성화되기 전, VFX 제작 현장에서는 인간이 프로그램을 이용해 사물 소스와 텍스처를 하나씩 손수 만들어야 했다. 따라서 인간이 할 수 없는 세밀한 부분까지는 재현할 수 없었다. 그 예시 중 하나는 자연의 움직임에 있다. 파도의 방향, 나뭇잎의 움직임 등은 사람이 하나씩 조정하기에는 시간적 · 노동적으로 한계가 있었고, 하나씩 만진다고 해도 그 움직임이 영상에서는 부자연스럽게 표현되었다. 하지만 인공지능이 적용되면서 자연스럽고 현실감 높은 영상 작업물이 탄생하기 시작했다. 이러한 변화로 자연 특수효과 그 이상의 다양한 분야에서 노동 집약적이고 시간이 많이 소요되었던 단점에서 벗어날 수 있었다. 또한 컴퓨터 시스템은 영상을 분석하는 데 최적화되어 있고, 그것에 능한 만큼 인간이 만들어 낸 디지털 그래픽을 결과물에 자연스럽게 합성할 수 있다는 장점도 있다. VFX에서 인공지능은 효율성과 품질을 향상하는 데 중요한 역할을 한다. 즉, 딥 러닝과 머신 러닝, 신경망에 기반해 데이터를 분석해 예측과 자동화를 진행한다. 혁신적인 일처리를 통해 영화 제작 부분에서 새로운 패러다임을 불러오게 되는 것이다. 인공지능은 영화의 VFX 부분에서 복잡한 이미지를 자동으로 처리하고 그린 스크린을 통해 배경과 분리 작업도 가능하게 해 준다. 또한 딥 러닝 알고리즘을 통한 표정 데이터를 바탕으로 디지털 휴먼과 애니메이션을 만들어 낸다. 인공지능을 이용한 디지털 휴먼과 애니메이션은 현실감을 구현해 낼 수 있다. 그리고 인공지능을 이용해 사람의 얼굴에 타인의 얼굴을 입힐 수 있는 딥페이크 기술을 통해 VFX의 스펙트럼을 넓혀 갔다. 영화에서 인공지능을 접목한 VFX 기술은 영상의 품질과 도전적인 창의성을 실현할 수 있도록 한다. 새로운 영상의 시각적 스토리텔링과 창의력을 도모할 수 있다.

자동화와 창의성

앞서 설명했듯이, 인공지능과 VFX의 동시 활용은 노동, 시간으로부터 인간을 자유롭게 해 큰 변화를 이끌었다. 이 자유로움은 일 처리에서 기술 자동화가 가능해졌기 때문에 생겨난 것이다. 큰 주목을 받았던 딥페이크의 기술도 딥 러닝(Deep Learning)을 통해 이루어진 기술이다. 딥페이크는 이용을 개방한 후 여러 악용 사례가 많아 인식이 나빠진 적이 있었으나 2022년 기술을 구별할 수 있는 또 다른 시스템이 개발되면서 부정적 이미지가 점차 사라지고 있다. 그리고 이것은 VFX 작업에서도 활용할 수도 있다는 기대감을 가져왔다.

사실 오래전부터 인공지능은 VFX에서 빼놓을 수 없는 존재였다. 크로마키, 배경 합성, 흔들림, 보정 등 크고 작게 특수 효과에 관여해 왔다. 하지만 그 기능이 널리 확대됨에 따라 영역과 기술이 확장 · 발전되었다. 인공지능이 탑재된 대표적인 VFX 프로그램은 다음과 같다.

먼저, 위드 폴리(With Poly) 인공지능 생성 텍스처다. 위드 폴리는 사실적이고 세밀한 텍스처를 만들어 내는 프로그램이다. 프로그램을 실행하면 제공되는 텍스처들이 가장 먼저 뜨는데 상단에 '새로운 폴리 에디터 살펴보기(explore the new poly editor)'가 있다. 이것을 선택하면 프롬프트(prompt) 칸을 입력할 수 있고 그곳에 원하는 키워드를 입력하면 된다. 이후 해상도(resolution), 머티리얼 타입(material type)까지 입력하면 인공지능을 기반으로 한 원하는 질감이 손쉽게 완성된다. 다만 몇 가지 설정은 유료 회원 전용이기 때문에 무료로 이용하는 이용자는 질감을 만들 때 제약이 있을 수 있다.

두 번째는 원더 스튜디오(Wonder Studio) 인공지능 자동화다. '원더 스튜디오'는 딥 러닝 알고리즘을 사용해 배우의 연기 데이터와 신 전체의 객체, 배경을 분리하여 객체인 배우를 CG(컴퓨터 그래픽스) 애니메이션화를 하는 데 사용한다. 이 프로그램은 VFX 아티스트가 더욱 효율적으로 작업을 진행하고 창의성에 집중하도록 조명 및 CG 합성 등과 같은 라이브 액션 내에서 이뤄지는 작업을 간소화하도록 설계되었다. 현재 특수 효과 아티스트들의 관심을 받고 있으며 가지고 있는 자동화 기술이 효과로 그대로 나타난다. 첫째, 작업의 단점인 노동 집약적인 부분을 자동화하면서 시간과 비용 자원을 아낄 수 있다. 둘째, 고품질 영상을 추출할 수 있다. 불과 몇 년 전만 해도 VFX 아티스트에게 주어진 가장 큰 숙제는 배경과 객체가 '얼마나 영상에 자연스럽게 녹아드는가?'였다. 하지만 인공지능 딥 러닝 기술이 탑재된 원더 스튜디오는 이러한 숙제를 해결해 준다. 방대한 이미지, 비디오 데이터 세트에 훈련이 된 딥 러닝 성능 덕분이다. 이러한 효과가 제작자가 창작물에 더 많은 에너지와 아이디어를 쏟도록 만든다.

정리하자면, 인공지능은 VFX 분야에서 자동화 파이프를 형성할 뿐만 아니라 아티스트가 창작물에 더 집중하도록 창의성을 북돋아 주는 기술로도 사용할 수 있다. 근래에 많이 활용되는 '챗지피티'의 활용 프로그램은 챗(Chat)의 의미를 지닌 대화형, 제너럴티브(Generative)

의 생성형, 프리-트레인드(Pre-Trained)의 사전 학습, 트랜스포머(Transformer)로 구성되어 있다. 마치 인간과 같은 대상과 대화하는 것 같은 방식으로 정보를 전달하고 생각 확산에 도움을 주어 아티스트의 콘텐츠 제작에 큰 도움을 줄 수 있다. 챗지피티는 시나리오 쓰기, 시 쓰기, 작곡, 작사, 디지털 아트 등 예술 분야 전반에 대한 이해도를 갖추고 있다. 이에 시스템을 올바르게 활용한다면 아티스트는 창작 시간과 노동을 낭비하지 않고도 오로지 창의적 활동에만 집중할 수 있을 것이다.

참고문헌

강지영(2024). AI 기반 VFX 소프트웨어의 혁신: 영화 제작의 새로운 시대. ≪한국디지털콘텐츠학회논문지≫, 25(8), 2239-2250쪽, 한국디지털콘텐츠학회.

김상민(2023). 환각 생성과 창의성 추출의 자동화된 기계: 생성형 인공지능 뒤집어 보기. ≪문화과학≫, 114호, 39-56쪽, 문화과학사.

김희영(2018). 예술에서 살펴본 인공지능의 미래 산업화 가능성 - 영화와 인공지능 예술을 중심으로. ≪만화애니메이션연구≫, no.50, 423-452쪽, 한국만화애니메이션학회.

박성혜(2024). AI와 디지털 문화산업의 결합에서 저작권 및 윤리적 규범 준수의 필요성 연구. ≪AI와 인간사회≫, 5(1), 23-37쪽, 호서대학교 인문사회과학연구소.

박찬(2022.5.9). "다 걸렸어"…99% 딥페이크 탐지하는 인공지능 기술, ≪AI타임스≫, https://www.aitimes.com/news/articleView.html?idxno=144482

박찬(2022.11.1). 세계 첫 인공지능 작품 전시회 개막, ≪AI타임스≫, https://www.aitimes.com/news/articleView.html?idxno=147641

염지현(2017.1.13). '수학'으로 출렁이는 애니메이션 '모아나'의 환상적인 바다!. ≪동아사이언스≫, https://www.dongascience.com/news.php?idx=15952

이보미(2022.6.8). [AI World 2022] "영화 VFX에 적용된 인공지능으로 관객들 자연스러운 영상 즐길 수 있게 됐죠". ≪파이낸셜뉴스≫, https://www.fnnews.com/news/202206081458198935

이보미(2022.6.8). "할리우드 영화 VFX 시장 화두는 AI" [AI월드 2022]. ≪파이낸셜뉴스≫, https://n.news.naver.com/mnews/article/014/0004848860?rc=N&ntype=RANKING&sid=105

이선종(2023). 『챗GPT 질문의 기술』. 영진닷컴.

이하준 · 박성희(2022). 『AI와 함께 떠나는 미래로의 여행』. 박영사.

전병원(2021). AI 영화영상콘텐츠를 위한 AI 예술 창작 사례연구. 국제문화기술진흥원.

전병원(2024). 인공지능(AI) 시네마(Cinema) 연구-도상학, 기호학, 영화기호학 이론을 적용한 인공지능 시네마 창작방법론 연구 필요성. ≪한국예술연구≫, 44호, 53-76쪽, 한국예술종합학교 한국예술연구소, http://dx.doi.org/10.20976/kjas.2024..44.003

정서연(2022.11.25). 세계 첫 인공지능 미술 전시회?. 와이아트, https://contents.premium.naver.com/whyart/media/conten

ts/221124170949423jk
정인선(2024). 생성형 인공지능을 이용한 영화 제작과 그 미학적 가능성. ≪프리뷰≫, 21(1), 한국디지털영상학회.
최은제(2019.11.1). 영화 '제미니 맨'으로 살펴본 "AI 기술과 영화 산업". ≪AI타임스≫,
https://www.aitimes.com/news/articleView.html?idxno=121202
편집부(2024). 애니메이션과 VFX(시각특수효과) 분야의 생성형 AI 도입을 둘러싼 논란과 시사점. ≪디지털 미래와 전략≫, 219호, 40-45쪽, 스트라베이스.
황정호(2024.3.25). 뛰는 AI 위 나는 AI…'딥페이크'도 인공지능이 잡는다, ≪KBS 뉴스≫,
https://news.kbs.co.kr/news/pc/view/view.do?ncd=7921726
Eakin, M.(2023.06.16). Pixar used AI to stoke Elemental's flame, *WIRED*,
https://www.wired.com/story/pixar-elemental-artificial-intelligence-flames/
Garagefarm.NET. 3D와 VFX 제작을 위한 인공지능 기반의 여러 혁신적인 플랫폼 소개,
https://garagefarm.net/ko-blog/the-future-of-3d-ai-powered-breakthroughs-in-production-and-vfx
GPTers. AI와 VFX 아티스트: 창조적 협업의 가능성
https://www.gpters.org/news/post/aiwa-vfx-atiseuteu-cangjojeog-hyeobeobyi-ganeungseong-HtkMHww7gh9nkF7
Hart, R. D.(2017.8.15). If an AI creates a work of art, who owns the rights to it?. *QUARTZ*,
https://qz.com/1054039/google-deepdream-art-if-an-ai-creates-a-work-of-art-who-owns-the-rights-to-it

10
데이터 분석과 시뮬레이션

인공지능 기반 시뮬레이션은 VFX 복합적 효과 및 시각적 효과 등에서 큰 혁신을 가져왔다. 이를 통해 영화 제작자들은 더 현실적이고 자연스러운 장면을 효율적으로 제작할 수 있게 되었다. 영화나 영상 제작을 하고자 하는 사람이라면 미리 장면을 시험해 볼 수 있는 것이 얼마나 큰 행복인지 느낄 것이다. 인공지능의 능력으로 영상 제작에 본격 돌입하기 전, 시뮬레이션을 해 볼 수 있게 되었다.

종교와 AI?

데이터 분석과 시뮬레이션

그렇다면 인공지능을 기반으로 한 챗지피티는 어떻게 활용해야 할까? 챗지피티가 처음 공개되었을 당시, 인간과 대화하는 것을 흉내 낸다는 점에서 불편하다는 의견이 있었다. 실제 의식을 가진 것처럼 컴퓨터가 말을 걸어오기 때문이었다. 하지만 챗지피티는 통계를 기반으로 한 인공지능 기술이라는 것을 잊지 말아야 한다. 그리고 이러한 특성을 파악했다면, 활용의 범위는 더욱 넓어지고 깊어질 것이다. 그러므로 시스템에 칭찬을 건네야 한다. 예를 들어, "넌 정말 멋진 전 세계적으로 유명한 VFX 아티스트야!"라는 질문의 첫 문장을 만들어 주는 것이다. 이후, 핵심 전달 내용을 입력하고 마무리 인사말까지 써 주면, 생성자의 질문에 자신의 모든 통계 자료를 동원해 최고의 창의성을 발휘할 것이다. 인공지능 챗지피티를 활용한 창의성은 이렇게 활용할 수 있다.

또한 챗지피티뿐만 아니라 다른 체계의 인공지능에서도 크게 활용할 수 있는 부분이 있다. 바로 시뮬레이션이다. 오래전부터 영상 표현에서 '자연 현상'은 큰 난관이었다. 파도, 눈, 비, 숲의 움직임 등 불규칙적이고 세밀한 자연 현상은 시간과 비용이 많이 드는 표현이었다. 따라서 현재까지는 애니메이션 회사별 수학자를 고용해 함수를 대입했다. 디즈니(Disney)는 관객 수 1032만 명을 기록하며 큰 사랑을 받은 영화 〈겨울왕국〉(2013)에서 자연스러운 물과 눈의 질감을 만들기 위해 함수를 사용했다. 수학자가 물리적 성질을 기초로 물체의 움직임을 예측해 함수식을 만들고, 이를 바탕으로 VFX 아티스트는 CG(컴퓨터 그래픽스) 영상을 만들어 시뮬레이션을 돌렸다. 그러나 인공지능을 VFX 분야에 활용하기 시작하면서 이전의 어려움을 해결하고 있다. 인공지능의 딥러닝으로 인공지능 기반 시뮬레이션을 작동하면 VFX가 가진 번거로운 문제가 해결된다. 인공지능 기술은 데이터 분석, 3D 장면 재구성, 시뮬레이션, 실시간 렌더링과 같은 과정으로 오랜 노력과 시간이 필요했던 VFX 작업 과정을 간소화·자동화가 가능하게 했다. 실제 영화 제작 현장에서 인공지능의 사용 동향을 살펴보며, 인공지능이 영화 산업에서 어떤 혁신을 이루고 있는지 파악해야 미래의 전망에 맞춰 나갈 수 있다.

실제 사례

실제 영화 제작 현장에서 인공지능은 어떻게 사용되고 있을까? 2023년 개봉해 큰 성공을 거둔 〈엘리멘탈〉은 픽사의 렌더링 소프트웨어인 렌더맨(Renderman)을 사용해 제작했다. 처음 작업을 시작했을 당시, 제작진은 영화 속 원소를 4가지를 표현하는 방법에 대해 많이 고민했고 그중 가장 문제가 된 부분이 주인공인 불꽃 '엠버'였다. 지금까지 불꽃을 표현해 온 모든 틀을 적용해 해당 이미지를 표현해 보았지만, 끔찍하다는 결과만 나왔다. 그러던 도중, 감독은 인공지능이 고전 화가들의 작품을 기반으로 예시가 사진처럼 보이게 한다는 연구 논문을 접했다. 곧 감독은 조너선 호프먼(Jonathan Hoffman)이라는 픽사 아티스트를 채용해, 동그란 형태를 유지한 채로 빠르게 움직이는 역학적인 모습의 불을 그려 낼 수 있었다. 인공지능 기반 도구인 '볼류메트릭(volumetric neural style transfer: NST)'을 사용했기 때문이다. 그 결과, 픽사는 기계 학습(machine learning)과 시뮬레이션을 적용한 절차적 생성(procedural generation) 기법을 사용해 캐릭터의 몸에서 퍼지는 작은 화염이나 구름을 자동 생성했다. 또한 더욱 실감 나는 효과를 위해 '볼류메트릭' 기술을 적용해 패턴화되지 않은 자연스러운 움직임을 구현해 냈다. 이것은 VFX의 문제점 중 하나인 반복적 작업을 대체할 수 있는 효과를 가져왔다.

또 다른 사례도 있다. 배우 윌 스미스(Will Smith)가 출연한 〈제미니 맨〉(2019)은 윌 스미스의 젊은 버전이 등장한다. 배우의 표정이나 이목구비를 모두 포착하고, 더 젊은 버전의 3차원 모델을 인공지능 기반 프로그램이 생성해 아티스트는 리터치만 하는 과정을 거친 것이다. 최근에는 입술을 미묘하게 달라지게 하거나 피부의 탄성 표현도 재구성할 수 있다. 얼굴 인식 장비와 동작 포착 장치를 통해 젊은 캐릭터를 생성하는 기술을 사용함으로써 앞서 포토샵으로 모델을 구현해 내는 것보다 훨씬 정교하고 작업 속도도 빨라졌다. 또한 〈제미니 맨〉에 사용된 얼굴 포착 기술은 표정뿐만 아니라 인물의 생김새 디테일까지 분석해 도출할 수 있다. 뼈대를 세 층으로 꼼꼼히 나눈 뒤 '120프레임+4K+3D' 기술의 도움으로 솜털 하나, 모공, 피부의 결 하나하나까지 사실적으로 살려냈다.

영화 산업에서 인공지능을 활용한 VFX 사례는 〈엘리멘탈〉과 〈제미니 맨〉 이외에도 많다. 히어로물로 유명한 마블 스튜디오의 2019년 영화 〈어벤저스: 엔드게임〉에서는 인공지능과 결합한 VFX 기술을 많은 곳에 사용했다. 그중 머신 러닝 시스템의 하나인 마스커레이드(Masquerade)를 통해 극 중 타노스 역할을 맡은 조시 브롤린(Josh Brolin)의 얼굴을 캡처해 모델에 전송했다. 또한 대전투 장면에서 타노스의 위협적이고 강인한 모습을 극대화하기 위해 캐릭터 표정의 세밀한 움직임 작업이 필요했는데, 이는 지바 다이내믹스(Ziva Dynamics)로 작업했다. 또한 〈라이언 킹〉(2019)에서는 실시간으로 진행된 렌더링과 애니메이션 부분이 도드라져 보인다. 엔비디아(NVIDIA)의 알티엑스(RTX) 기술을 사용한 〈라이언 킹〉은 빛 표현과 사실적인 반사 표현 등을 매우 현실적으로 구현했다. 인공지능을 사용한 VFX 기술로 실제와 같은 자연 경관을 이전보다 쉽고 빠르게 만들어냈다. 영상의 현실감 외에도 캐릭터들이 움직이는 애니메이팅에서도 자연스러운 움직임을 보인다. 캐릭터들의 표정은 정교하게 구사했고 털과 근육 등의 미세한 움직임도 세밀하게 잡아냈다. 자칫 부자연스러울 수 있었던 실사화를 어색하지 않도록 인공지능 기술을 통해 해낸 것이다.

컨설팅 회사 시브이엘 이코노믹스(CVL Economics)가 애니메이션 관련자 등 300명을 대상으로 실시한 설문조사에서 99%가 3년 안으로 인공지능을 도입할 생각이 있다고 응답한 바 있다. 대부분의 응답자가 인공지능이 가진 향후 전망성을 눈여겨보고 있다는 점을 시사한다. 응답자의 21%는 지금도 애니메이션을 제작하면서 인공지능을 활용하고 있다고 했으며, 15%는 인공지능이 가진 다양한 문제점과 오류가 해결된 뒤에는 사용할 의향이 있다고 답했다. 절반에 가까운 49%가 영상 산업에서 인공지능의 활용도가 높을 것이라고 평가했다. 85%는 인공지능이 창작 부분의 업무 수행 방식과 일자리에 영향을 미칠 것이라고 답했다. 사실 현재 영화와 TV, 애니메이션 업계에서는 생성형 인공지능을 활용해 프로세스의 작업 진행 속도를 높이는 사례가 많아지고 있다. 인공지능과 VFX의 결합은 비록 일자리 감소 등 다양한 문제점이 있긴 하지만, 영상의 품질을 향상하고 영상 제작의 효율성을 증진하는 등 활용도가 높다.

참고문헌

강지영(2024). AI 기반 VFX 소프트웨어의 혁신: 영화 제작의 새로운 시대. ≪한국디지털콘텐츠학회논문지≫, 25(8), 2239-2250쪽, 한국디지털콘텐츠학회.

김상민(2023). 환각 생성과 창의성 추출의 자동화된 기계: 생성형 인공지능 뒤집어 보기. ≪문화과학≫, 114호, 39-56쪽, 문화과학사.

김희영(2018). 예술에서 살펴본 인공지능의 미래 산업화 가능성 – 영화와 인공지능 예술을 중심으로. ≪만화애니메이션연구≫, no.50, 423-452쪽, 한국만화애니메이션학회.

박성혜(2024). AI와 디지털 문화산업의 결합에서 저작권 및 윤리적 규범 준수의 필요성 연구. ≪AI와 인간사회≫, 5(1), 23-37쪽,

호서대학교 인문사회과학연구소.
박찬(2022.11.1). 세계 첫 인공지능 작품 전시회 개막. ≪AI타임스≫, https://www.aitimes.com/news/articleView.html?idxno=147641
박찬(2022.5.9). "다 걸렸어"…99% 딥페이크 탐지하는 인공지능 기술, ≪AI타임스≫, https://www.aitimes.com/news/articleView.html?idxno=144482
염지현(2017.1.13). '수학'으로 출렁이는 애니메이션 '모아나'의 환상적인 바다!. ≪동아사이언스≫, https://www.dongascience.com/news.php?idx=15952
이보미(2022.6.8). [AI World 2022] "영화 VFX에 적용된 인공지능으로 관객들 자연스러운 영상 즐길 수 있게 됐죠". ≪파이낸셜뉴스≫, https://www.fnnews.com/news/202206081458198935
이보미(2022.6.8). "할리우드 영화 VFX 시장 화두는 AI" [AI월드 2022]. ≪파이낸셜뉴스≫, https://n.news.naver.com/mnews/article/014/0004848860?rc=N&ntype=RANKING&sid=105
이선종(2023). 『챗GPT 질문의 기술』. 영진닷컴.
이하준 · 박성희(2022). 『AI와 함께 떠나는 미래로의 여행』. 박영사.
전병원(2021). AI 영화영상콘텐츠를 위한 AI 예술 창작 사례연구. 국제문화기술진흥원.
전병원(2024). 인공지능(AI) 시네마(Cinema) 연구-도상학, 기호학, 영화기호학 이론을 적용한 인공지능 시네마 창작방법론 연구 필요성. ≪한국예술연구≫, 44호, 53-76쪽, 한국예술종합학교 한국예술연구소, http://dx.doi.org/10.20976/kjas.2024..44.003
정서연(2022.11.25). 세계 첫 인공지능 미술 전시화?. 와이아트,

https://contents.premium.naver.com/whyart/media/contents/221124170949423jk

정인선(2024). 생성형 인공지능을 이용한 영화 제작과 그 미학적 가능성. ≪프리뷰≫, 21(1), 한국디지털영상학회.

최은제(2019.11.1). 영화 '제미니 맨'으로 살펴본 "AI 기술과 영화 산업". ≪AI타임스≫, https://www.aitimes.com/news/articleView.html?idxno=121202

편집부(2024). 애니메이션과 VFX(시각특수효과) 분야의 생성형 AI 도입을 둘러싼 논란과 시사점. ≪디지털 미래와 전략≫, 219호, 40-45쪽, 스트라베이스.

황정호(2024.3.25). 뛰는 AI 위 나는 AI…'딥페이크'도 인공지능이 잡는다, ≪KBS 뉴스≫, https://news.kbs.co.kr/news/pc/view/view.do?ncd=7921726

Eakin, M.(2023.06.16.). Pixar used AI to stoke Elemental's flame, *WIRED*, https://www.wired.com/story/pixar-elemental-artificial-intelligence-flames/

Garagefarm.NET. 3D와 VFX 제작을 위한 인공지능 기반의 여러 혁신적인 플랫폼 소개, https://garagefarm.net/ko-blog/the-future-of-3d-ai-powered-breakthroughs-in-production-and-vfx

GPTers. AI와 VFX 아티스트: 창조적 협업의 가능성 https://www.gpters.org/news/post/aiwa-vfx-atiseuteu-cangjojeog-hyeobeobyi-ganeungseong-HtkMHww7gh9nkF7

Hart, R. D.(2017.8.15). If an AI creates a work of art, who owns the rights to it?. *QUARTZ*, https://qz.com/1054039/google-deepdream-art-if-an-ai

-creates-a-work-of-art-who-owns-the-rights-to-it

진승현

호서대학교 문화영상학부 영상미디어트랙 교수이자 중앙도서관 관장직을 맡고 있는 현직 영화감독이다. 동국대학교에서 영화 연출 제작으로 석·박사 학위를 받았다. (주)진진엔터테인먼트필름 대표이사로도 활동하고 있다(1991~). (주)TNT 프로덕션의 PD 및 제작 이사(1995~), 대한민국대학영화제 이사장 및 집행위원장이다(2008~). 영화진흥위원회 예술 영화인증위원(2015~2018), KTV 독립 영화관 자문위원 등을 역임했다(2018~2021). 현재 한국영상제작기술학회 회장(2024~), 한국예술교육학회 부회장 겸 편집위원장(2022~), 한국영화감독조합원(2013~)과 한국문화예술교육학회 회장(2017~), DMZ 국제다큐영화제 조직위원을 맡고 있다. MBC드라마제작국과 예능국에서 근무했으며 영화 〈7월 32일〉, 〈전주에서 길을 묻다〉, 〈어디로 갈까요〉 등 다수의 작품에서 감독으로 활동했다. 또한 "아바타를 중심으로 본 3D 영화산업의 기술 동향과 발전 방향에 관한 연구"(2010), "AI 기술을 활용한 영상 제작 교육과 현재와 미래 전망에 관한 연구"(2024), "버추얼 제작시스템을 기반으로 한 영상 제작 교육의 환경과 발전 방안 연구"(2024), "미디어아트가 예술교육에 미치는 영향 연구"(2024) 등 다수의 영상 분야를 연구했다. 영화 〈진짜 사나이〉로 대한민국영상대전에서 작품상(2006)을, 광주국제영화제에서 관객상(2005)을 수상했다.